無照心理師的沙發

餘命管理的學習與自覺

王浩一

自序

今天，是我的餘生管理第一天

一

孤靜終老：蘇轍——晚年靜居潁川十二年。訣別、學禪、思念兄長、讀書。
相思終老：薛濤——中年後創立紙坊謀生。愛情、失戀、思想自由、種花。
熱血終老：左宗棠——帶著棺材出征的種樹老人。貧窮委屈、氣節、傲氣自負。
隱居終老：王維——一個人的小旅行。長期單身、佛教、繪畫、獨居。
孀居終老：李清照——二十多年的靜寂獨居。喪夫、流離失所、再婚、離婚。
自適終老：馮道——跌宕五十年職場的老宰相。亂世、使命、《道德經》信仰。
寫詩終老：陸游——愛喝粥與養貓的老先生。養生、情傷、喝茶、寫詩。

我喜歡閱讀古人的故事。年輕時，愛看他們風起雲湧的英雄成就。中年後，則關注他們如何卸下肩膀上的「社稷與使命」，轉變成雲淡風輕的心態，關鍵點是什麼？他們的生命何時出現拐點？退休後，我開始研究他們的晚年生活，發現有許多智慧亮點與人性溫度蘊藏其中，值得我借鏡參考，甚至收藏他們的「耳順」與「從心所欲」的大智慧與態度。

二

心理學者喜歡說「創傷」，臨床心理師分析創傷，論述心理創傷特徵與分類，也教導人們「如何面對成長中的創傷」，解惑「心理創傷能復原嗎？」我們除了有大師的心理理論可以依循，也有好多心理相關平台，他們推薦著不同書籍「教你面對創傷與孤寂」，正如《凝視創傷》這本書的的副標題所言，「不是每一種傷痛，都能被看見」。

我問，現代的「心理學」可以套用在古人身上？那些古人們、英雄們他們有創傷嗎？有一些人「抑鬱而終」，有一些人卻可以「凝視創傷後，了悟屋矮不礙雲」的哲理，他們是怎麼「治癒生命的創傷」？現代的心理師怎麼看待？

蘇轍自號「潁濱遺老」，享壽七十四歲。個性澹泊汪洋，卻在仕途上與兄弟蘇東坡屢屢受到政敵攻擊，貶謫多處多年。蘇東坡驟逝常州，悽涼悲痛。所有元佑年間同好、朋友皆前後離世，他是最後關燈的人，已無摯友交往，他有創傷……。

薛濤人稱「薛校書」，享壽六十五歲。父親早死，生活窘迫，與母親相依為命，十六歲時因頗有姿色，通音律、善詩文，迫於生計，而淪為劍南西川節度使樂妓。二十八歲脫離樂籍，成為自由身。但是她的交際圈中有權傾一方的節度使、著名文人、幕府佐僚、貴胄公子和禪師道流，可謂名動一方。她的詩作以清麗見長，四十一歲與元稹相戀甚篤，無果而終，情傷依依。之後深居簡出，她有創傷……。

左宗棠自號「湘上農人」，享壽七十四歲。個性孤傲，父親早逝，十五歲時湘陰縣試第一，次年長沙府試第二。二十一歲因家貧入贅妻家，深引為恥，但是三次赴京科舉不中，無力翻身命運，僅以擔任家庭講師為生。三十八歲時在長沙開館授課，當時在雲南的林則徐有意聘用他擔任雲貴總督幕府，結果因家事纏身無法前行，錯失良機，「西望滇池，孤懷悵結」。他自視甚高，自覺中年無成，他有創傷……。

王維自號「摩詰居士」，享壽七十歲。十七歲離開家鄉蒲州，遊學長安，有積極的人生態度和政治抱負，作品有邊塞、遊俠的雄渾氣派。政治上的挫敗，加上獨子早夭，妻子哀慟病逝，造成心靈上的破洞。因為受母親影響，精通佛學，哀慟後作品風格丕變，轉成濃濃的佛道和退隱思想，歌詠山水。晚年居輞川，他有創傷……。

李清照自號「易安居士」，享壽七十二歲。四十二歲時遭逢北宋的靖康之禍，她與夫婿渡江逃難，四十六歲在驛站，丈夫死在她的懷裡。國破家亡令她飽受打擊，她隻身輾轉逃難，當年與丈夫收集的金石古卷，全部散佚。四處飄零期間大病、改嫁、離婚、入獄。種種不幸接連不斷，她的寫作內容已多是對現實的憂患。暮年獨居生活，她有創傷……。

馮道自號「常樂老」，享壽七十三歲。生在華麗、黑暗、血腥的五代十國，前後五十多年，人口數銳減了五分之二。那是朝不夕保、人人自危的地獄時代。他卻在如同走馬燈的時期，擔任了四個朝代的宰相，侍奉過十個皇帝，聽似風光。當時、後世的文人都罵他無恥。表面上，馮道有悖儒家忠君思想，毫無節操，卻滿滿都是委屈，他有創傷……。

陸游自號「放翁」，享壽八十六歲。與新婚妻唐琬恩愛，卻被強勢的母親以「科舉考試為重」逼迫離婚，陸游無力反抗。赴京考試，在開封的會試得了第一，卻被宰相秦檜硬拉下馬來，連殿試都無法參加，氣恨難消。回到家鄉，卻與再婚的唐琬夫婦在沈園偶遇，懺悔哀痛之餘，留下〈釵頭鳳〉詞以寄深情。次年春天唐琬再度遊園，看見壁上〈釵頭鳳〉，回家後也回了〈釵頭鳳〉，不久哀慟而死。他有創傷……。

三

二〇一二年一月二十三日有一則新聞：二〇一二台北國際書展將有一場相當特別的活動「英雄也需要心理醫生」。王浩一老師與王浩威醫師這對兄弟檔，難得聚首，公開進行非常精湛而別開生面的對談暨新書發表會。

所謂新書發表會，是因為我發表了「易經與英雄系列二」的《英雄的十則潛智慧》。當天主持人是好友蘭萱，她先引言「關於英雄」觀點：「英雄是所有人可能一輩子所崇拜或是夢寐以求的對象。我們總是希望知道英雄故事背後有哪些可以成為英雄的潛在特質，他可能是命運、時勢所然。有些時候，我們回過頭來，卻發現英雄其實跟人格特質有關。所以，英雄到底為什麼能成為英雄？為什麼有英雄最後變成狗熊？其實，都跟一些心理狀況有些關係的……。」

我的開場白說道：「……我對歷史人物，最近有更深入涉獵，也多了一些心理學的念頭，加上我從事的是職場管理、商業行銷的工作，在職場時心裡總有一些人性透視，在腦袋裡多了一些心理解析。所以，當我透過書寫那些古人時，總覺得古今，或是我的成長過程之間，想找到有一些吻合『心理學』的東西……在擔任管理人的時候，想要知道個性與心理相關連的東西……。」

精神科醫師兼心理師王浩威，除了診斷成人的心理問題，他更專研青少年的心理，因為它可能會成為某個程度的家庭問題、社會問題。除此之外，浩威也試圖診斷公眾人物，談信任與背叛。浩威從很純粹的心理學，跨足到青少年，之後再跨足到試圖診斷政治人的心理成分。

浩威接著說：「大概可以說，沒有人是百分之百完美，如果有百分之百完美的人，他大概很無趣了。所以可以說每個人多少都有點『病』，而那個病從另一個角度看，可能變成一種才華、一種能力。回應蘭萱所提，這幾年看了很多青少年……應該說，我看青少年很多，談青少年也很多。但是沒有談的部分就是我大部分的個案都是男性，其中也有高收入、高成就的男性……。

「心理治療領域，中外都一樣，女性求助者比較多。至於在台灣的專業人員，傑出的女性專業人員相當的多，男女比例失衡，造成男性求助得少……其實男性問題更多，所以怎麼讓他們願意求助，這個過程比較複雜。

「我接觸了很多企業家，這些企業家之所以成功是有道理的，但是相對來說，他們可能犧牲了很多，包括他的家庭、他的婚姻等等。有很多企業家，適合做朋友，不適合做家人。

或者說適合做他的仰慕者，不適合做他的下屬等等……這種狀況下，如果他的家庭、婚姻有問題求助於我們的時候，總會感慨一將功成萬骨枯，這個代價太大了……所以，英雄的確需要心理學家的。

「另一個角度，這十幾年來，世界經濟尚未泡沫化之前，所有的CEO變成最金光閃亮的那個階段，當時所有股東、董事會們都知道，眼前的這位CEO薪水實在是太高了，可是又找不到『完美的』CEO取代。其實，每個CEO都有毛病，都有他的缺點，這個點子快可是脾氣衝，那個想法好、執行力佳，可是不聽別人勸……所以，在此情形下，西方企業早在十多年前，發展出一套Executive Coaching，也就是高階主管的教練。這些教練會坐在這位CEO旁邊看著他怎麼開會，怎麼管理員工，然後再給他feedback。在此之際，董事會則命令這位CEO『你要聽這個心理學家的話』……。」

四

這本《無照心理師的沙發》，是我繼《孤獨管理》、《向夕陽敬酒》之後的著作，想談談中年後，大家必須開始「認真思考」退休生活的藍圖。時間沙漏已經所剩有限，「夕陽無限好」是人生圓潤豐美的年紀，但是「近黃昏」究竟是充滿危機感的「衰老的逼近」。

我曾經寫下〈立冬〉節氣小詩，背後的心思是才過了五十歲，日子怎麼變快了？蘇東坡說「最是橙黃橘綠時」，說這是「一年好景」，然而初冬怎麼就來了？中年後，未來的終老真讓人忐忑啊。

秋天臨去的時候，我貪看了晚雲
在朗晴的谿石上烹茗、聽泉、聽松籟
怎麼才雲淡了、風輕了，沒幾天
那個新寡的冬夜就來了

這本書我「邀請」了幾位精采、有意思、活到高齡的詩人、政治家，透過「我與他們輕鬆對談的方式」，企圖建構他們的終老生活態度。我在對談中，先聊聊他們年輕時的趣味生活，也提到他們不凡的成就，再慢慢引導他們談談生命深處的創傷。我不是諮商心理師，但是我知道「要怎麼安慰受傷的朋友」。

諮商心理師陳彥琪在她的臉書上談到「那些創傷跟痛苦，一定要說出來才會好嗎？」她寫著：「許多人帶著惶恐不安的心走進諮商室，他／她知道自己哪裡不對勁，但不知道從何開口，擔心潘朵拉的盒子一打開，裡頭滿溢而出的脆弱與不堪，是會被踐踏與忽略，還是能夠被穩穩地承接？」「諮商室」一詞，聽起來讓人卻步，所以我與古人對談時，悉心準備了茶飲或是輕食，以微妙的味覺設計，卸下心防：

蘇轍——龍井茶、東方美人茶。

薛濤——洛神花茶。

左宗棠——君山銀針茶。

王維——徽州貢菊茶。

李清照——茉莉花茶。

馮道——唐代庵茶。

陸游——杉林溪烏龍茶。

我是「無照」的心理師，無法諮商任何現代人，但是那些老靈魂的精采一生，我企圖用「逆向工程」梳理他們的「創傷跟痛苦」，將他們面對「餘命管理」之際的哲學與作為推出結論。我知道，所謂哲學，就是「使你在思想的迷宮裡認識星座」，重新對焦那個終極合適又正確的方向。人生在不同成長階段，有摸索、有突破、有迷失、有奮起……《無照心理師的沙發》想多談一些初老族的困惑，多談一些餘命管理的學習與自覺，也關注現代人面對超高齡社會的問題。我無法提出答案，但是我知道在網路時代，即將或是已經是的橘世代們，那些戰後嬰兒潮的人們所身處的「現代」，是漸漸「不友善的」終老環境。

五

歷史散文集《在故宮尋找蘇東坡》是北京故宮博物院影視研究所所長祝勇繼《故宮的風花雪月》、《故宮的隱秘角落》後的最新歷史散文作品。他凝視蘇東坡《寒食帖》之後，從作品得到的啟發是「貶謫在黃州的中年蘇東坡『有尖銳的痛感，卻沒有怨氣。』」透過蘇東坡的性情與作品，細細品味之後，他更進一步道出他的社會觀點：「我不喜歡怨氣重的人，具體地說，我不喜歡憤青，尤其是老憤青。年輕的時候，我們對很多事物心懷激憤，還可以理解。但人到中年以後，仍對命運忿忿不平，就顯得無聊、無趣甚至無理了。怨氣重，不是在表明一個人的強大，而是在表明一個人的猥瑣與虛弱。」

祝勇罵得淋漓！真的，我看過年長者向老天咆哮：生不逢時、懷才不遇、嫉世憤俗、沒有伯樂等……心裡充滿怨天尤人的憤恨。甚至，他們對新世代諸多不滿、嘲諷、刻薄……。另一方面，日本導演北野武也說：「當個體貼的大人，不要老愛提『當年勇』啦。好好聆聽別人說話吧。」

國家發展委員會推估，台灣在二〇二五年即將進入「超高齡社會」。依國際定義，六十五歲以上人口占總人口比率達七％稱為「高齡化社會」（Aging Society）；達十四％稱為「高齡社會」（Aged Society）；達二十%稱為「超高齡社會」（Super-aged Society）。換句話說，屆時台灣每五人，就有一人超過六十五歲。這些長者搭公車免費、高鐵半價、領敬老津貼、老花眼鏡補助、假牙補助、健保補助……可以想像，未來生活困厄的年輕人會殘酷地做結論：「太多長者在透支社會資源。」甚至說出「照顧不事生產的老人，浪費國家資源」這類偏激的語言。社會學家警告，台灣的老年歧視會愈來愈嚴重。

世界衛生組織（WHO）對於「超高齡社會」提出警訊，他們認為年齡歧視（Ageism，又稱老年歧視、年齡主義）會快速加劇。所以我說：「各位長者們，請倍萬自愛，依老賣老的年代已經消逝了。」長者心態不能任性、偏狹了，養壽、養心之外也必須學著「養德」，更多體貼未來年輕人的付出。

有無建立「消除世代衝突」的良方？這是迫不容緩的社會議題。我以為除了老年相關教育不可少、推廣世代交流活動之外，每個人的「餘命管理」必須從自己與內心對話開始，勇敢面對，然後學習孤獨，透過主動學習，掌握退休主導權。

不要活成過去我們自己不喜歡的老人家。

六

「一個人的高貴，不是體現為驚世駭俗，而是體現為寵辱不驚、安然自立。」這句話真是爽朗，展現出清雅的晨蓮姿態。我喜歡站在歷史長河岸邊，深情瞭望，自覺在古人的終老故事裡，如果是經歷過風捲殘雪的人生，又從苦痛之中超越出來者，相信他的靈魂一定仍保有著「足以沁潤我們的餘溫」，足以讓我們仰望。這也是我希望透過「在舒適沙發上，一杯熱茶之後，侃侃抒發與緩緩梳理人生的過往」的書寫方式，凝鍊出他們「永恆的溫度與亮度」，最終能懂得陶淵明〈歸園田居〉的「曖曖遠人村，依依墟里煙」，給自己多一點餘閒。

筆下的他們，創傷後的漫漫人生，有動人的人生最後姿態，有經過事件後的反思，或是徹底沉澱後的靈光乍現，或是得自一個生命信號，皈依田園……今天的我們要如何透過學習、思考，才可以握拳說：「今天，是我的餘生管理第一天！」

我永遠相信，「世界是用我們的思想創造的」，不是抱怨控訴，不是委曲求全。這本書寫了七位「倍萬自愛」的古人，透過他們的終年生活與餘命管理，我知道，我最終追尋日子是「山澗清且淺，可以濯吾足」。

目錄

002 自序——**今天，是我的餘生管理第一天**

024 第一篇——**生死，怎麼說再見？**

蘇轍vs王浩一，談「孤靜終老」

058 第二篇——**愛情，就是自我價值在戀人身上的反映**

薛濤vs王浩一，談「相思終老」

098 第三篇——**如何定錨人生的最後姿態？**

左宗棠vs王浩一，談「熱血終老」

142 第四篇——**看靜水流深，聽清風徐來，可好？**
王維vs王浩一，談「隱居終老」

180 第五篇——**愛不是縮小自己，而是打開世界**
李清照vs王浩一，談「孀居終老」

220 第六篇——**有時書一卷，酒一杯**
馮道vs王浩一，談「自適終老」

258 第七篇——**守住最後一盞燈**
陸游vs王浩一，談「寫詩終老」

第一篇

生死，怎麼說再見？

一位建築人的驟逝與體悟：原來無常是日常——

二〇二一年六月十日，幾位建築界的朋友分別在臉書貼出「林芳怡因為 COVID-19 離我們而去，真的不捨！傷痛！」文字中傳達「原來死亡離我這麼近」的感慨。臉書的大量留言：「這是真的嗎？」「非常震驚！」「真的不敢相信與想像！」「難以置信！」「真是震驚難過到不知道說什麼」……。許多人無法消化這則驟逝噩耗。

林芳怡離開時才五十六歲，她是「建築界幾乎都認識的快樂天使」，從教書、雜誌、策展、寫作等建築藝術推廣不餘遺力，是正能量滿滿的建築人。媒體指出，她「昨晚突然無法呼吸，緊急送醫，在救護車上去世」。從自我感覺不舒服開始到去世，不到二十四小時。她來不及跟愛她的朋友說再見，喜歡她的親友與業界同好也無法好好跟她說謝謝、說再見。

原來「無常」不是佛教的勸世用語，它是我們的日常。

與逝者對話，有時可以找出自己活下來的意義——

許多宗教或是神話，都用「河」來區隔生死的此岸與彼岸。日本文化裡有三途川、中國傳說有陰陽河，希臘神話則稱之冥河……。它很寬廣，寬到無法遠眺對岸，河面上經常漂浮濃濃霧氣，有些文化甚至稱它為「冥海」。這些稱呼雖然不同，但是定義相同——「生與死的邊界」。一些論述則是：冥河未必是一條河，只是一個隔層。

生死，是一片廣袤無垠的垂直平面，分隔了兩個世界。研究靈學的人說這個是「平行世界」，在此中間的隔層，有時像是隔著厚厚的半透明果凍厚牆，有時只是像薄薄的保鮮膜。這個觀點，是幾千年來漸漸凝聚、研究、認知的理性說明，「死亡，是去了另外的世界」。但是，我們面對至親、好友、舊識的驟然死亡，為什麼都是如此哀戚、不捨、悲慟？

動畫片《獅子王》（*The Lion King*）裡，小獅子辛巴有了危險，他遇上牛羚群狂奔，父親木法沙為了救他而死。毫無預期、措手不及的父親意外驟逝，「不真實感的情緒還在，真正的哀痛尚未排山倒海而來之際」，傷心的辛巴還在驚懼之中……壞叔叔刀疤從旁刺激：「要不是因為你，木法沙還會活著！要是你母親知道了父親是因為救你而死，她會怎麼想呢？」

於是在強烈的自責內疚下，萬念俱灰的辛巴，選擇逃避，逃跑到了荒野。

就在自我放逐的荒野中，辛巴遇見了狐獴丁滿和疣豬彭彭，變成了好朋友。他們用自己的經歷向辛巴分享了生命哲學「哈庫那馬塔塔」（Hakuna Matata）一詞，意思是「不用擔心」。他們幫助辛巴轉念，釋懷父親的意外，忘記過去的困擾。之後，狒狒長老飛奇則引導辛巴不應該背負十字架、不要再逃避，應該從過去學到教訓。

後來，辛巴在星空中彷彿見到父親身影，與父親進行了場一對話，了解父親對自己的期許，明白「父親依舊活在心中」，終於不再逃避，勇敢前進。

前進，有時是為了記憶。

與逝者對話，有時可以找出自己活下來的意義。

讓自己徹底流下思念的眼淚，甚至是懊悔的眼淚吧，因為沒有好好悲傷，就無法停止悲傷。

應該有一堂課來教我們「如何處理心中的失落？」——

從小到大，似乎都沒有一堂課來教我們「應該如何處理心中的失落？」一個戛然而止的「愛」，沒有事前徵兆，沒有其他警訊，那個「失落引起的大黑洞，要如何填平？」它最終成了瓦解崩毀的人生黑海，沒有邊境，沒有港灣。

先不談生死。來談自己一輩子「最擅長與最專注」的興趣、嗜好、專業、賴以生存的技藝，或是它可能就是所謂職人「一輩子把一件事做好」的使命。

如果，有一天「因為某個原因」你無法擁有它，可能是車禍意外、驟然而至的急病等無法克服的外在力量，你怎麼辦？如何從失落漩渦中走出來？

真相是，許多人面臨這種「當信仰不在」的崩潰，隨後就枯萎了。

NBA有個明星球員波許（Chris Bosh），他曾經與詹姆斯（LeBron James）、韋德（Dwyane

Wade）聯手為邁阿密熱火隊奪得總冠軍。但他卻因血栓問題，被迫提前終止運動生涯，失去占據人生全部且心愛的籃球。自此他陷入極度失落，惶惶不安。「我從來沒有想過，有不打籃球的一天，我一生的心力都集中在追求成為頂尖籃球員上，所以我問自己現在該做什麼呢？」

有一位鋼琴演奏家，因為疾病讓他陷入無法演奏的困境。如同波許一樣，他也做了與眾不同的選擇。多年後，波許把自己文字集結成新書《給年輕運動員的信》（*Letters to a Young Athlete*）。至於那位鋼琴演奏家，他後來成了一位出色的作曲家。「轉型」並非僅是企業面臨關卡時所要跨越的。我們的人生，有時也要轉型、校正、跳脫。

許多挫折、失落，並非「柳暗花明又一村」那麼順理成章，「欸乃一聲」就可以脫困。而是歷經多少深夜的虐心煎熬，胼手胝足走過灰心喪志的低潮之後，才得爬出深淵，那是劫後餘生的驚險。「失去最愛」永遠是人生課題。至於，如何克服阻礙、創造新局，這又是另外一座高山了。

不管是至親摯愛的逝去，或是最愛事物永遠失去，都是從悲痛到跨越。

日本作家泉鏡花在《高野聖僧》中有一段話：「人到頭來橫豎都是一死，倒不如勁量往前走。去看看那世人連做夢都想不到的血與泥的大沼澤的一角也好。」他說的是「與其等死，不如前進，去一處全然陌生的新世界」，反正沒啥好損失的，如果沒有看得全貌，那摸到一角也無妨。

救贖唯一的機會，就是勇敢。

到頭來，每個人都只能陪你一段時光，這才是生活的本質——

回到生死的問題，所有的告別永遠是椎心的。有時因為久病，這個漫長的再見過程令人身心俱疲。有時猝不及防，這個來不及的再見，卻又令人遺憾。心理學者威廉・沃爾登（William Worden）所著的《悲傷輔導與悲傷治療》（*Grief Counseling and Grief Therapy: A Handbook for the Mental Health Practitioner*），他說「意外之外」的死亡所造成的悲傷，往往會有幾個特點：

有不真實感、有情緒激動焦慮、有無助感，也有積極地想要找出可指責的對象，以排除滿腔疑問、憤怒；更有強烈愧疚感的，對逝者感到自責，鑽困在「要是當時沒有……就好了」的死胡同裡。當然，「沒有好好與逝者道別」與「來不及跟他說謝謝」的懊悔更是不斷地瀰漫胸臆、反覆回想。

經典日劇《家政婦女王》（家政婦のミタ），不走陽光路線，講的是社會文化與「倖存者的愧疚」。片名靈感源自日本推理大師松本清張小說《家政婦的見證》（家政婦は見た！），女主角松嶋菜菜子不苟言笑，整日板著一張臉，服裝打扮也從不改變。劇情中，她「一直提醒自己不能過得太幸福」。

真相是：因為一場火災中，女主角失去了先生與小孩，自此認定人生已無樂趣，自己不可能也不可以再度歡笑。她刻意隨身穿戴著家人的帽子、手錶、提包等遺物，提醒自己不能過得太幸福，不然會對不起死去的家人。

諮商心理師會告訴我們「自我懲罰並無助於終結悲傷」，但是，遭遇到「驟然失去摯愛」

的倖存者，往往不自覺地有了彌補或是贖罪的舉止，那是一種「倖存者的罪惡感」氣壓，有幽微習慣的，有強迫行為的，有強烈自我譴責的。

如何「尋求一條自我寬恕之路」，是悲傷處理，是學習，也是適應。

蘇軾與蘇轍的兄弟情深，在歷史上令人讚嘆，六十四歲的蘇東坡在常州驟逝，消息傳到許昌，帶給蘇轍的是震驚劇痛與無盡哀傷。遺憾中有無比的懊悔，久久不去，自此他終年隱居許州潁水之濱。

我想訪談他，讓他說說在餘命十二年漫長歲月，尋求自我寬恕的路上，如何找到自適。

【我與蘇轍閒聊宋代的食茶】

王浩一：我可以稱呼你子由兄？你喝茶嗎？我有龍井，也有東方美人茶。

蘇轍：哈哈，你說「喝茶」，我們在宋代稱之「食茶」，規矩不少，比起唐代在裝滿水的茶釜放入茶末一起煎煮，複雜多了。

子由兄可以說得更清楚點？

先是「點茶」，將細細的茶末放在已溫過的茶盞，再用沸水以小水柱沖注，這個動作叫做「點」。沖注慢慢進行，同時以竹製的茶筅，像是竹刷的東西在茶湯裡攪拌，手腕不停地攪動繞圈，這個動作稱之「擊拂」，它使得茶末與熱水充分均勻混合成乳綠色沫餑，是一層非常細緻的白色泡泡。如果茶湯泡沫均勻濃稠，它會緊緊地黏著茶盞，這是最高境界，稱之「咬盞」。所以我們說「食茶」，不說「喝茶」，因為我們吃那個泡沫。

這個點茶流程，我懂了，我在日本京都看過。日本在南宋時學得此法，他們稱之「抹茶道」，本來是生活休閒活動，與花藝、鑒古、品香合稱「四般閒事」，後來他們的僧侶以此來集中自己的精神與思考，最後再提升到精神意識層次，幾百年來慢慢發展成一門綜合性、精神性的藝術活動，結合了禪宗與日常生活哲學。

咬盞最高境界，我們稱「白乳浮盞面，如殊星淡月」。食茶同時講究造茶、茶具、茶汁水、點茶。我的兄長是一位嗜茶之人，渴了喝，酒後喝、加班辦事、寫詩作文，甚至起床也要喝茶，「春濃睡足午窗明，想見新茶如潑乳」。

有一次兄長與司馬光聊天，他倆從茶談到墨，由物品論到人品，兄長那次說了茶與墨的區別：「茶和墨兩者正好相反，茶要白的，墨要黑的；茶愈重愈好，墨愈輕愈好；茶貴在於新，而墨貴在於陳。」他也說：「好茶與好墨都是香的，這是因為它們的德行相同，都是堅實的，這是因為它們的操守相同。」

我們那個年代，對飲茶的環境也有講究，例如要有山亭、涼台、靜室、明窗、曲江、僧寺、道院、松風、竹月等。飲酒要有酒友，飲茶亦需茶伴，酒逢知己，茶遇識趣，若有佳茗而同飲的，非其人，或有其人而未識真趣，也是掃興。

聽你這麼一說，長了見識，但也讓我汗顏了。我這一杯茶是高山烏龍茶，宋代沒有，它具有冷冽、甘醇的特質，隱隱中有清純果香花香，水色蜜黃，茶湯澄清明亮。這是另一個「茶的世界」，你試試看。

酒，有時是用來遺忘的。茶，則是用來記住的——

子由兄，你與東坡居士在一起時會食茶?

當然，但是喝酒次數比較多。我兄長九歲開始嘗試喝酒，第一杯是我們的祖父要求的，他說蘇家男生怎麼可以不會喝酒。哥哥出生的時候祖父蘇序六十三歲，為人豪爽慷慨，不識字，愛喝酒。兄長九歲，我七歲，祖父則是七十二歲。我們兄弟沒有遺傳到他的酒量，但是卻繼承了對美酒的喜好。

哈哈，我的童年喝酒初體驗是十歲，是我的外婆拿出她床榻下私釀的葡萄酒，理由跟你的祖父一樣。我閱讀不少東坡居士的飲酒詩，他煩心時要喝酒，「持杯月下花前醉，休問榮枯事」；失意了要喝酒，「帶酒衝山雨，和衣睡晚晴」；樂以忘憂時要喝酒，「綺席才終，歡意猶濃。酒闌時，高興無窮」；他想念在遠方的你時，更要喝酒，「明月幾時有，把酒問青天」。你的想法呢？

喝多喝少是能力問題，願不願意醉一次是態度問題。哥哥說：「酒斟時，須滿十分。」清夜無塵，月色如銀，一張琴、一壺酒、一溪雲，其他的都是浮名浮利，這是兄長傳遞強烈歸隱時的心裡話。一壺老酒，永遠是「他想做個閒人」的抒懷催化。因此，他也可以把最糟糕的風景，變成最美麗的年華。

子由兄對酒的態度呢？

我在筠州時因為喝酒過度，犯了肺病，被兄長告誡，以後就少喝了。我倒是還想說說茶。茶在千年來一直是文人士大夫得志時，怡情修性的重要手段，也是失意時，安慰人生、平衡心靈的撫慰儀式。像是我的兄長被流放至海南島時，六十歲的他不畏老邁，也要到清深江水取活水，再親自生火烹茶。一次，晚上他去釣石取水，彷彿也把月光連同清水一起取入甕中。面對孤獨、寂寞，他以饒有興致的品茶，演繹自己的心境恬靜。

其實，喝酒品茶我都不如兄長，遠遠不如。他的豁達與浪漫真的無以倫比。記得元豐四年（一〇八一），他在黃州已經貶居兩年，那一年臘月持續下雪，直到二十五日雪停，天晴。兄長夢到他用雪水烹茶，席間有美人歌唱助興，夢中他寫了回文詩，但是醒來只記得「亂點餘花唾碧衫」一句，其他都忘了，於是他另外寫下兩行詩，描寫夢境裡烹茶、聽歌、賞雪等物我交融：

酡顏玉碗捧纖纖，亂點餘花唾碧衫。
歌咽水雲凝靜院，夢驚松雪落空巖。

哇，太美了，夢驚松雪。東坡居士能在顛沛苦難的困頓中，用想像力的翅膀飛出高牆。但是，不好意思，子由兄，什麼是「回文詩」？

「回復讀之，皆歌而成文也」，就是把整首詩倒著讀，像是逆向行駛，最後一個字成了第一個字，整首詩文字要順暢，意境不能有違和感，有時還更勝一籌。這一篇回文，有反覆詠嘆的意義，夢驚松雪，成了雪松驚夢：

巖空落雪松驚夢，院靜凝雲水咽歌。

衫碧唾花餘點亂，纖纖捧碗玉顏酡。

這種創作其實很難駕馭，又要「言志述事」，但能產生強烈地迴環疊詠的藝術效果。其實兄長貶謫在黃州，困頓之際能寫出這樣的回文詩，我是開心的。並非他的詩文意境更高，筆法更加游刃有餘。而是他對「人生無端多出來的空閒，有了更高的心靈流動」。

在人生前進之中，有時被迫停了下來，戛然而止，有許多人會迷惘、慌亂、不安、焦躁等等，時間久了甚至會失去人生活著的意義，整個人抑鬱失志。所以，看到兄長樂在虛擬的「雪中，有美人奉茶」，困頓中依然有夢，其中的意義是「他的心志依舊遼闊，有遠方」，不必擔心。

兄弟之情，從唱和詩作到夜床對雨的殷盼——

其實，你倆分離之際，你一直都擔心兄長，應該說一輩子都「擔心」東坡居士，不過這一點，我們待回再聊。先好奇你們兄弟之情，能先說說你倆兄弟唱和之作？

「唱和」是有趣的思想、文采與價值觀的遊戲，我們兄弟因為家風、經歷與志趣，多能彼此無嫌隙地交談與釋放。唱和有許多規矩限制，困難度不低，但是它更能釐清彼此的思路，定錨自己的念頭。

澠池有一座寺院，在我兄弟倆赴京應試路上，曾經借住僧房，老僧邀我們在牆壁上留題，記憶深刻。又一次我獨自經過澠池，寫了〈懷澠池寄子瞻兄〉，有懷舊，有回憶，也有惜別。我困惑著人生的一些經歷是偶然？還是必然？

我的詩文起頭說：「相攜話別鄭原上，共道長途怕雪泥。」「怕雪泥」是感慨。哥哥有了和詩：「人生到處知何似？應似飛鴻踏雪泥。」他卻對人生有了「踏雪泥」體悟，他說：

「人生充滿了不可知，就像鴻雁駐足雪上，留下痕跡。而鴻飛雪化，一切又多不復存在。」這裡面有生命的禪機，有勸戒，他要我泯去多餘的傷感。

這首詩後來成了我們步入仕途的思想起點，兄長尤其在「無常中的覺悟」中，定下了「漠視一己得失利祿」。他的性格是浪漫的，但是也自覺人生此路必定跌跌撞撞，他在和詩最後一段寫著：「往日崎嶇還記否？路長人困蹇驢嘶。」人生旅途未來的艱困，我們已經「有想像」了。

只是當時年少的天真，心想：總要有點曲折，才會留下動人的山路。未料「崎嶇」竟是動詞，不是我們所浪漫想像的形容詞。

元豐八年（一〇八五）三月，宋神宗離世，由母親高太后帶領九歲的孫子宋哲宗聽政。此時你與東坡居士命運大大改變了，東坡居士很快遷任中書舍人、翰林學士知制誥。而子由你也歷任了戶部侍郎、尚書右丞，甚至門下侍郎……算是副宰相一職了。這七、八年，應該是你們一生中最為稱意的時光。可是，為何懷念「夜雨對床」？

哈哈。這種寵命優渥的生活，還不如當年徐州兩人夜雨對床的樂趣多。

子由兄可以多說一點嗎?·夜雨對床，是唐朝白居易在一個夏末秋初的雨天，想念好友張籍，希望與他敘敘舊，寫道：「泥濘非游日，陰沉好睡天。能來同宿否，聽雨對床眠。」於是「夜雨對床」成了兄弟或知己好友的久別重逢與親切而深度地交談。而你們兄弟的「夜雨對床」往事，更成了兄弟手足感情深摯的著名典故。我很好奇這一段千年來，後人無限欽羨與嚮往的兄弟情。

其實，「夜雨對床」是我先說起的。我從小就跟隨著兄長一起讀書，彼此沒有一天分離。直到二十來歲，即將遊宦四方，兄弟勢必旅居兩端。別離時刻，我讀到韋應物的詩「安知風雨夜，復此對床眠」，我惻然同感，於是與兄長相約，未來我們要從仕途早退，一起享受閒居之樂。

後來，兄長身陷「烏臺詩案」，期間他一度以為會死於獄中，無法跟我說再見，於是寫了詩作給我，當是遺書。詩裡他不以生死為意，「是處青山可埋骨」，但深感遺憾的卻是自己不能兌現與我的夜雨對床之約，而使得我「他年夜雨獨傷神」。每次想起這件冤獄往事依然心痛。

那一年在烏臺，你的兄長怎麼向你說再見？——

這段「烏臺詩案」故事，是改變你們兩兄弟命運的關鍵。東坡居士面對死亡前夕、訣別之際，許多生命思維會在清湛的「時間的大海」出現，你又領悟了什麼？

兄長獄中面臨生死之際，留下了跟我說再見的絕命詩，「死獄中，不得一別子由，故作二詩授獄卒梁成，以遺子由。」兩首遺命詩，第一首給我，第二首詩給妻小。

聖主如天萬物春，小臣愚暗自亡身。
百年未滿先償債，十口無歸更累人。
是處青山可埋骨，他年夜雨獨傷神。
與君世世為兄弟，更結來生未了因。

「人生百年，如今自己中年喪命，也算是提早償還前生的孽債了」，這是無奈與認命，「只是留下十幾口家人」，我明白這是他的「託孤」之詞。在兄長入獄之間，他的家屬由女婿王適安頓在南都。王適也是我的學生，哥哥整個家族當時由我照料。在此之際，我也是身負債務，所以兄長說我「更累人」，但他知道我不介意的。

「我死後不論哪裡的青山都可以安葬。」對於安葬的地方，他有想法。其實，兄長剛剛入獄之際，眾多好友立刻上書營救，我也上書皇上乞求，以我的官職換取哥哥的一條命，甚至連退休在金陵的政敵王安石也上書：「安有聖世而殺才士者乎？」這些請命與奔波，他在獄中全然不知。不過他聽說湖州、杭州地方的百姓，為他齋戒做道場以求解厄，時間有月餘之久，因此死後，唯有把他葬在那裡，以為回謝。

「只是以後每逢夜雨，想起我們曾經的夜雨對床約定，你也只能獨自傷心。我希望生生世世都是兄弟，來生也不改變這種情誼。」兄長的真情此時沛然而出，他用「預約來生」來跟我說再見，他用戀戀不捨的人生短暫，但又期待宇宙永恆的態度，向世界說再見。

弟弟蘇轍有長子情結，哥哥蘇軾卻是次子個性——

從「家庭排行，看兄弟個性的心理學」，其實，我看子由兄你比東坡居士更像是「長子」，擔心這個擔心那個，而他則是典型的「次子」，個性縱橫、奔放不羈、隨心所欲。

一般長子的個性，因為是「相對年輕」的父母殷盼之下出生，成長時他總背負著「超重的期待與關懷」，甚至被賦予更多要求與更多承擔。於是長大之後，往往轉換為責任心與領導力。於是在個性的暗處被植入「對傳承與守護有更多的堅持」。相對家族「大我」，「小我」是被壓抑的，卻也是心甘情願被縮小的。所以在個性解讀上，總多了「悲觀」。

至於次子，因為上有兄長扛著父母的「要求與叮嚀」，老二在發展上個性比較開闊、自由不拘，甚至交友也更多元與隨性。因為，責任交給長子，而老二承接了父母更多的疼愛與關注，於是發展出「向外飛翔的個性」，比較不安於室，家族的歸屬感比較淡薄，嚮往外面世界的「冒險與沒有框架」。於是在個性的定格，多了「自由」。

至於老三，則容易發展成「永恆少年」，因為他「獨自擁有更多、更久的母愛」，同時又擁有兄長的「讓梨友愛」，天塌下來有別人頂著。所以他童年期的「依戀」比一般人更長，更無憂無慮，樂得「浸淫在這種像是天堂一般的生活狀態」，因為「退行的誘惑」心理強烈，總讓他渴望停留在這個美好階段，不想長大，不想承擔責任，更不想競爭。個性解讀上，他們多了彼得潘的「任性」，形成了與兄長們不同的獨特個性。

哈哈，兄長確實個性樂觀曠達、喜好自由發展。我呢，謹慎穩重，相對於兄長多了瞻前顧後。你解讀我倆長子次子互易個性，這倒是個有趣的觀點。我認為你的觀點只對了一部分。兄弟之間的個性差異，是會流動的，是互補的。

我的認知是兄長是千年難得一見的「文化種子」，歷史也證明他如同孔子、老子、莊子、諸葛孔明、陶淵明、李白等等都成了中華文化的基因。年輕時，我已經認知這一點了，所以「對他一生的護持」成了我的生命使命之一。於是，我成了比較謹重、世故，或是說「靜重」的那一位。我以為那是「兄弟個性的分工」所致，兄長選擇天平的那一端，我當然成了這一端。

當他是陽的時候，我是陰，反之亦然，兄弟倆永遠陰陽互濟。我們總在對方身上見到自己的特質，我們是彼此的影子，有依附、有隱藏，有虛有實，有真有幻。

張耒對我有些觀察，他曾經說過：「我見識人夠多了，但只見過蘇循州（蘇轍）不曾忙、范丞相（范純仁，范仲淹的長子）不曾疑。蘇公雖事變紛紜至前，而舉止安徐，若素有處置。范公見事，洞達情實，各有部分，未嘗疑惑。此皆過人者。」我想，這就是我給他人的個性印象吧！我本身具備或多或少的學者氣質，不事張揚，往往埋首研究學問。所以兄長稱譽我的散文「澹泊汪洋」，我喜歡，也同意。

歷史評價我是「小蘇」，兄長是「大蘇」，父親則是「老蘇」，一家仨組成「三蘇」。然而，我很清楚我的歷史定位，有一部分是「兄弟倆彼此的對應折射」所形成的良性漩渦。怎麼解釋？像是對弈雙方旗鼓相當，彼此潛力必定容易激發。兩位武林高手實力相當，劍術較量之中，必有精采招數可以期盼。

我，努力維持一定創作高度跟上兄長，甚至適時給予更多激發。有時雪中送炭，有時對他錦上添花。但是，最後還是兄長激發我多一些，高度也勝過我。記得我三十八歲那年，兄弟倆有幸在徐州度中秋，一起賞月。然而次日我必須離開，前往河南商丘，不能久留。內心愁起，我吟了一闋〈水調歌頭〉，開始是「離別一何久，七度過中秋。去年東武今夕，明月不勝愁……」想起我們如此漂泊，真怕像是王粲那樣，流落天涯不復歸，永遠只能登樓望月。

兄長也回了〈水調歌頭〉安慰我，他說「一旦功成名遂」，我們就像當年與父親一起坐船順江而下，離開蜀地一樣，相伴歸去。然而在此之前，「我醉歌時君和，醉倒須君扶我」。這次的賞月經歷，真令人無比難忘。有時，人人世間過，生命中就要有這樣的「浪漫又深遠的事件」，它讓人回想時不勝唏噓，但又懷念無比，進而加倍珍惜。

想想，雖然我們深刻理解「齊萬物，一死生」，但最終我倆沒有急流勇退，去履行夜雨對床之約，享受隱居之樂，嗟嘆，嗟嘆。又想想，當時，離實現理想還有一線希望的時候選擇放棄，好像也確實不能甘心啊。人生真是貪心啊！哈哈。

如果可以重來，你要怎麼說再見？——

既然談到莊子的「齊萬物，一死生」，我們接下來談生死。莊子對生死這個問題，討論特別多，像〈大宗師〉、〈庚桑楚〉、〈徐無鬼〉、〈天地〉、〈天道〉、〈秋水〉、〈達生〉、〈則陽〉、〈知北游〉等篇，全部論及這個問題，如果說《莊子》是一本生死論，亦似無不當。生死，有時莊子自我解嘲，有時又顯示他的惶惑之情，但是最終可以理解他對生命是多麼珍惜、何等留戀。

兄長去世之後，我多了十二年的餘命，學習生死，歸隱於許州，終老在潁水之濱，也自號「潁濱遺老」，寫作、學禪、讀書是我度日的方式。

寫作，是我提升與整理思想的方法；學禪，是我進出虛寂的任意門；讀書，是我可以飛越古今的翅膀。

一輩子很長，各自安好，那就是幸福，是一種簡單的幸福。兄長是一位溫暖有趣的人，酒酣之後，胸膽更豪，興致益濃。他也可以停下來看光影在花間移動，看生命在時光中流逝，不特別開心，也不傷感。我們兄弟生前，聚少離多，有很長的時間，彼此像是走在平行線上的人生。每次的離別，隱隱中都有訣別的準備。相聚則是提醒我們「生命不是永恆」，分離之時，卻仍然可以隔空各自吟唱一首〈水調歌頭〉，各自安好。

我來說說兄長與一位養鶴道士的故事：

「醉中走上黃茅岡，滿岡亂石如群羊。岡頭醉倒石作床，仰看白雲天茫茫。歌聲落谷秋風長，路人舉首東南望，拍手大笑使君狂。」兄長在徐州時，認識了一位隱士雲龍山人張天驥。張山人有田宅、花園，雅好詩文和音樂，躬耕而食，不求聞達。兄長當時與他過從親近，作有〈登雲龍山〉詩，說著兄長他在山人那兒醉臥黃茅岡、仰看白雲、放聲高歌的日子。

後來徐州遭遇水災，山人的屋舍也被沖垮。次年，山人在故居之東另外建造新屋。新宅上方有「放鶴亭」，他養了兩隻鶴，早上放出，讓牠們在西山自由飛翔，傍晚召喚回來。兄長寫了一篇〈放鶴亭記〉，文章極度稱讚山人的隱居之樂，「雖南面之君未可與易也」，這樣自在的日子即使是拿君王之位來交換，也不要啊。文章後面有一首放鶴、召鶴之歌：

鶴飛去兮，西山之缺，
高翔而下覽兮，擇所適。
翻然斂翼，宛將集兮，忽何所見，矯然而復擊。
獨終日於澗谷之間兮，啄蒼苔而履白石。

鶴歸來兮，東山之陰。
其下有人兮，黃冠草履，葛衣而鼓琴。
躬耕而食兮，其餘以汝飽。
歸來、歸來兮，西山不可以久留。

兄長離開儋州，慢慢地一路往北。我在許昌時，聽說路途中他生病，寫了邀他一起歸隱的信件。正等著他的回信，忽聞兄長驟然去世之際，痛斷肝腸久久不已。「該怎麼撿拾這支離破碎的自己？」關於死亡我們不忌諱談論，但希望它慢一點來。死神倉促逼近兄長，真是讓人措手不及。我的不忍是，多年來「黃州惠州儋州」，兄長終於確認「歸來、歸來兮，西山不可以久留」，他真的要歸隱了，卻是來不及了，兄弟我倆所嚮往的「鶴飛去兮，鶴歸來兮」竟成遺憾。悲嘆，悲嘆。

怎們說再見？怎麼向兄長說再見？

子由兄，我以為人的迷惘，是一輩子的功課，沮喪與遺憾，會一再重複。我們永遠不知道什麼時候是最佳割捨的時機，一方面貪戀長安的未央歌，一方面嚮往草色凝碧。往日崎嶇，風煙日暮。人們到了某個年紀，依然不捨自己的英雄之旅，拒絕順天安命，忘了過去給自己「歸來兮」的承諾，那就是「迷惘」。你迷惘嗎？

我自己會迷惘，但是我以為兄長他不會！

對於兄長的生平，我一輩子追隨、觀察他逐漸成形的偉大心靈，那是一場壯闊而偉大的思想形塑之旅。他去世時六十四歲，六十四歲剛好足夠「萬里歸來」。在常州，臨死前，他自己看待最後半個月的日子，不憂不懼，寫信給維琳方丈說：「某嶺海萬里不死，而歸宿田裡，遂有不起之憂，豈非命也夫！然死生亦細故爾……」在吟嘯千里之後的徐行，腳步已緩，他準備跟世界說再見了。如果我跟他說再見，也不過重複當年他在〈潮州韓文公廟碑〉所言：

浩然之氣……不依形而立，不恃力而行，不待生而存，不隨死而亡者矣。故在天為星辰，在地為河嶽，幽則為鬼神，而明則復為人。此理之常，無足怪者。

子由兄，可以說說在東坡居士去世之際，他在常州你在許昌，兩地乖隔，你們之前已經分離六年未曾謀面，最後無法親自為他送終，只迎來一書「即死，葬我嵩山下，子為我銘」的噩耗。在無盡的哀痛之外，如果……如果可以當面講，你要怎麼跟他說再見？

怎們說再見？怎麼向兄長說再見？其實，我已經用十二年餘命的歲月，跟他說再見，夢迴不忘！嗯，我會說：

「萬般不捨，更是遺憾，再也沒有機會跟你夜雨對床。哥，你在貶謫惠州、儋州歲月裡，早已安穩、恬淡了你的晚年心境，也安放了自己的內心，『一簑煙雨任平生』就是你的曠達與遼闊。你沒有迷惘，我卻多用了十二年歲月餘生，才走出『煙雲重重的森林』。再見！下輩子我們再當兄弟。」

【我的後記：學會以愛面對告別，並珍惜活著的每一天！】

顏珍兒的臉書貼文，小標題「人生緣何沒朋友，只因未讀蘇東坡」。文章開始她問：「如果讓你選擇一個古時的詩人一起旅行，你會選擇誰？」這個問題，許多人問過，也有許多人作答過。

文學家余光中說：「旅行，我不想跟李白，因為他不負責任，沒有現實感；我也不想跟杜甫，因為他太苦哈哈，恐怕太嚴肅；而蘇東坡就很好，他很有趣，我們可以做很好的朋友。」

蘇轍在兄長去世後，與全家大小隱居在潁水之濱，一方面遠避政敵的打壓，一方面讀書學禪度日。人生最後十二年期間，知交朋友先後凋零，他算是「元佑文人」最後的碩果。幸運地，他有老妻與家人相陪。生命有高低起伏，家人是最大資產。

而今，資深退休族群的「家人是最大資產」已經改變。他們必須面對的議題是「退休不孤單」。以小家庭當是主結構的現代，家人往往成了「遠水」，救不了「近火」。於是有人揪友打造「共老宅」，他們不想連累羈絆下一代，自己「識相地」計畫打造一個可以與好友共享生活的退休環境，想趁著「還行」時，先規劃「走出未來的孤單」的新生活模式。

我想，如果他們有揪團「共老」計畫，那他們必然都讀過蘇東坡，才能「一起旅行」，共赴遠方。

作家余華在《在細雨中呼喊》裡說：「死亡不是失去生命，而是走出時間。」那是瀟灑的語彙，生死兩地，有絕對的揪心與茫然。

揪團「共老」一起旅行生命，最後的遠方是死亡。余華在小說裡想說的是「生的終止不過一場死亡，死的意義不過在於重生或永眠」。凝視死亡與說再見，終其一生我們都在學習面對，一般人可能從告別長輩開始，有人則從跟寵物說再見開始……對於同輩、同儕陸續下車離去時，人們才開始驚覺自己已經靠近祠堂了。對他們說再見，「千里孤墳，無處話淒涼」。深秋懷念他們，「重過閶門萬事非，同來何事不同歸」。

白居易與一群好友，悠然過著日子，每年四月他總邀大家「共道牡丹時，相隨買花去」。而在終老之際，白居易陸續面臨老友一一離席，幾年內他的知交全部離世，獨留他一人。在元稹去世九年後，白居易夢見了他，寫了〈夢微之〉，訴說著：「這幾年我病倒了三次，長安舊城也經歷了八個秋天，你在九泉之下成白骨，我在人間白髮如雪。大家都走了，連你的小兒子阿衛、你的女婿韓郎也先後走了，你們知道我面對黃泉的茫然嗎？」

夜來攜手夢同遊，晨起盈巾淚莫收。
漳浦老身三度病，咸陽宿草八回秋。

君埋泉下泥銷骨，我寄人間雪滿頭。
阿衛韓郎相次去，夜台茫昧得知不。

生死，怎麼說再見？對方是家人、摯愛、至交……他們都是難以割捨的愛。其實，最重要的是「自己跟自己說再見」。臨終前，他們謝謝過自己嗎？他們對再也看不到的明天日出，遺憾嗎？我曾經跟一位重度憂鬱的年輕小友聊過，幾天前他輕生未果，身體仍然羸弱不堪，我問他為何這麼做？

他說他不是想死，只是想結束這個痛苦。

第二篇

愛情，就是自我價值在戀人身上的反映。

從《靈魂密碼》的原始生命力，探討「為何會愛上他？」——

秋風裡，一個星期六早上的咖啡時間，與朋友討論讀書心得，它是心理分析學者詹姆斯．希爾曼（James Hillman）所著的《靈魂密碼》（*The Soul's Code: In Search of Character and Calling*）。我說關注這本書，除了書名吸引我之外，翻閱中讀到一句赫拉克利特（Heraclitus）的話語「人的性格就是他自己的守護神」，引發深思。

我在花甲之後，對「性格」影響人生諸事有更多探究。有人一輩子汲汲營營，有人雲淡風輕，有人怨氣沖天，有人機關算盡……如此入木三分描述著，擲筆三嘆，「守護神」太言簡意賅了，真是輕巧的比擬啊！威廉．詹姆斯（William James）說「性格決定命運」，如果你怨懟「人生不公平」，那應該怪自己的守護神太不給力了。

希臘文「代蒙」（英文為Daemon）就是守護神，有原始生命力、精靈、惡魔、靈體或是善惡並存超自然者等等意涵。根據古希臘唯心主義哲學派的解釋，人一生下來一直到死亡都有代蒙伴隨並支配他的一切行動。性格、代蒙、守護神真是有意思的3D立體論述。

我也喜歡作者的論述，他說人生除了先天遺傳、後天環境，還有第三種作用力——「生命橡實力」。所謂生命橡實力，就像是一株橡樹的命運早已蘊藏在小小的橡實籽裡。我們在降生前，靈魂早已選定要的生命藍圖，那是獨一無二的「人生使命」。儘管出生後我們忘了這個使命，或是目標察覺淡了，但是代蒙終將隱晦地保護著、捍衛著它。在若有若無之間，協助我們發揮天賦，完成我們「此生要來修行的功課」，於是我們這一輩子開始默默展開獨特旅程。

這個生命橡實力即是守護神的概念，每人都不同，像是每人無意識的性格，在一生發展中，我們都受到它的影響，也受到它的護持。

我進一步對生命橡實力做解讀，它就是我們的「靈魂基因實力」，它決定我們將會長成什麼樣的「樹像」，具有長得多高、多麼壯碩的潛質。所以，如果年輕時早慧，我們已經具有自我預見力，懂得「從種籽看見大樹」，知道如何茁壯成一株獨一無二的美麗橡樹。

這個預測力，如果能觀測他人，我們則稱之「賞識力」。那就是伯樂與千里馬彼此的關係。

作者以「代蒙」解釋人生的摸索與起伏，認為每一個生命的型態，都是由代蒙所牽引的，是被代蒙命定的。於是，我們的命運就是代蒙的顯現。「有節制、有修養的靈魂會帶給人幸福」，那是「好的守護神」的牽引。

代蒙若有福於人，便稱是「善靈」。蘇格拉底認為他自己「一生追求真理」，即是善靈不斷地驅使他。至於代蒙以「原始生命力」解釋，則是類似榮格（Carl Jung）所謂的「陰影」（shadow），它是充滿混亂和生命原罪的混沌，也是充滿愛慾和創造力的強大生命能量。

愛情是靈魂的相遇，那是日出前仍有月光的時刻——

於是，藉由這本書的「原始生命力」觀點，我們開始討論愛情的 falling in 與 falling out，從一見鐘情、怦然心動到最後情盡分手。從「墜入」愛情海，到狼狽「爬出來」。

我們談到了愛情其中的一個面向：有時，我們愛上的是自己的陰影，那是榮格所說的「陰影」。愛上陰影，會很炙熱。

但是它也會讓人忘記，其實，愛情一路追尋的，最終是幸福！

我們從討論書本摘要，到開始檢視自己的愛情，也八卦了他人的愛情。隨著歲月增長，傷痕成了勳章，在療癒情傷、超越戀情成敗得失之後，懂得了，也學會「把這段愛情當成一只風箏，然後放手」。每次回頭，客觀看著那個渾身是傷的愛情過程。它，一定有可以凝視的地方。

為什麼一對戀人最後會走向淡然、慘然，彼此不再見面，形同陌路？那個緣盡情滅的源頭，是不是當時所愛上的對象，僅僅是美麗錯誤的過客，而不是歸人？「為什麼他變了？」有時答案是「自始至終，你愛上的都是自己的陰影」。

一個在愛情地圖裡老是「愛錯人」的人們，仔細分析過去的戀情模式，屢屢在愛情地圖裡的邊邊角角迷路，不斷重複，甚至徘徊不去。為何如此？有些人們終究都是「愛上自己的陰影」。

愛上自己的「陰影」，什麼是陰影？從榮格心理學的角度來看，你所愛上的「陰影」，指的是「你心中所不能接受的自己」。

關於愛情，先說我們「為什麼會愛上他（她）？」西班牙哲學家賈賽特（José Gasset）說，在漫長的一生中，我們難得有幾回 falling in 情網，兩人一旦「觸電上眼」即目眩神搖、情不自禁。有個頗有畫面的成語「攔舟捎餅」，形容一見傾心。有一古人在湖面邂逅佳人，情不自禁攔下船舟，遞上禮餅以示仰慕。

怦然心動，原因往往是「因為這個人！」他就是這位正確先生，她就是正確小姐！人對了，引動下意識「自然就知道了」，會悸動、會沉浸、會激奮、會神迷。不是為了她的臀部曲線，不是為了他的銀行存摺。

我有一首情詩〈同時愛上兩個你〉，二〇二〇年九月九日曾經在《聯合報》副刊發表，前兩段：

上輩子分別時，已經知道
來世，我們會找到彼此
多年來，遠山掩蔽所有的路徑
雪白的瀑布，高得難以仰望
旅人開始疲憊，長路上無驚喜的風景
陌生的小鎮，兩列車同時靠站
小窗，驀然對看著彼此
遇到了，就知道了

這是「愛情是靈魂的相遇」的論述，只有一眼輕輕相觸，就有了注定要跟他戀愛的感覺。心理學家說「命中注定感」，如果少了它，戀情不會成功。

有時，我們愛上的是自己的陰影——

彼此相愛的理由千千萬萬，有時我們會愛上我們的陰影。榮格所謂的「陰影」，也就是我們所受到壓抑的潛意識，它是一種複雜的心理產物。陰影並非是「壞」的意象，更為貼切的說法比較接近「對立」面向，也就是《易經》的陰陽說。「陰影」其實就是我們自己人格所缺無的部分、不足的部分、欽羨的部分和嚮往的部分。這個「陰影」或許也曾經是被我們自己否認、排除、不接納的部分。

既然是「被我們自己否認、排除、不接納的」，那為什麼又會「愛上」呢？小小例子，如果你從小是一位乖乖練琴的「好孩子」，往往會被禁止不能跟班上的「壞同學」一起玩，不能參加恣意歡樂、浪費時間的活動，不能隨便弄髒衣服，不能這個不能那個……。有趣的是，這些「被禁止」的規矩，反而是你內心好奇，想要去嘗試看看的東西。

比方說你是一個時間控，有條理且講究管理系統的人，你會不自覺愛上自由自在的射手座個性，因為他們主動、好奇心強、樂觀、大方、熱情、不拘小節、勇於冒險、喜歡挑戰、小小任性……他們是你的陰影，也可能是你的天菜，你會被他們深深吸引、著迷。兩人相處，起初，你會包容射手座所有的缺點，因為那是你之所以傾心的一部分，而你會這麼迷戀地欣賞。

但又自忖，我是屬於布爾喬亞特質的中產階級個性，多有邏輯、理智、拘謹、保守、準時、自律、整齊、一板一眼，講究工作執行效率、認真投入……。所以，那個驀然出現、嫣然一笑的波希米亞個性女孩，永遠有不可抗拒的吸引力，她們是我迷魅的對象！

另外，如果你是一位有強大想像力、敏感度、直覺力，又擁有自由自在能力，有共感心又心地善良的人，你可能會鍾情成熟、神祕、寡言、內斂、情緒不外露又意志堅強不撓的「陰影」。這個陰影往往又擁有打混、摸魚、事情得過且過的特質，但「問題」總能「輕舟已過萬重山」，加上頹廢藝術才華，又能悠然隱居如一派名士。你會一往情深於這樣的戀人，一頭栽進愛情海。

然而，彼此「愛上對方的陰影的你們」，會從此過著童話般的幸福生活嗎？少數！多數會走不下去，因為你的價值感與陰影會在生活中漸漸失衡，許多「必須選擇的挑戰」逐漸浮現，如果超過了極限，負荷過久、過重，結果之一是，「把自己的尊嚴放下，甚至放在他的腳下，任由他踩踏著你的愛」。

在一些口角與衝突之後，如果有一方的自戀「復辟」了，戀情快速退溫。於是，他當初排斥陰影的理由又「壯大地回返」了。

事實上，當戀情進行時，人們的自戀往往會「縮小或是隱藏」，任性地享受「解放」。可是當過去的陰影嫌惡感回返，自戀也跟著回來了，曾經那個「可愛的迷魅陰影」，終就只是南柯一夢。

怎麼會這樣？原來我們從愛上自己的陰影，一路甜蜜恩愛，但是當愛情多了柴米油鹽，最終我們還是要面對彼此所滋生的「陰影地區」的生活問題。兩人相處磨合的方方面面，如果無法相應出陰影距離的「新平衡」，往往會出現「愛情拐點」，原來他的迷人特質諸多副作用是你無法承受的。當萌生「瞧不起和被瞧不起」的壓力，當陰影成了不堪，一番加減乘除後，有了放棄念頭。

榮格所說的「陰影」有互補性，是希爾曼所說的「代蒙」，也是道家說的陰陽互濟。只是，真正的愛情更複雜、更難預測，因為多了「人心會變」，會有愛情美學疲乏，會有愛情賞味過期，會有愛情失溫或是多了其他選擇而失衡。當光的方向改了，陰影的位置也就變了，從痴愛到嫌惡，從光明面陷入陰暗面，最終醒悟：「愛錯了！」陰影究竟不是你的救贖，於是斷然分手。

所謂「愛上陰影」，原來我們所愛的是「幻象」，我們的潛意識往往刻意忽略了真實，讓我們逕自滿足於陰影。然而這個愛，卻是原始生命力所驅使的。而這個痛，則是以「此生要來修行的功課」來化解。每一段「愛錯了」的愛情，都是生命累積的過程，那是「代蒙」所引導的，我們多少要學會經歷逆境，然後處之泰然，重新找回自由。

電影《X情人》，說的是天使放棄永生，成就愛情——

撇去愛上陰影的議題，我們會傾心自己所沒有的人格特質，我們會愛上自己所缺無的獨特氣質。當我們遇見這樣的對象，義無反顧成了必然，神魂顛倒成了反應。如果，你有了破釜沉舟的承諾，那，你是真的愛了！

一九九八年的電影 City of Angles（直譯為《天使之城》），台灣譯為《X 情人》，講述一名天使與一位女醫生的愛情經歷與命運曲折。天使「賽斯」由尼可拉斯・凱吉（Nicolas Cage）主演，他對凡人充滿好奇心。女醫生「瑪姬」則由梅格・萊恩（Meg Ryan）主演，劇中她善良、聰慧、任事果斷，也渴望愛情。

居住在城市裡的天使們，他們遊蕩在人間，接引即將死亡的人們，也觀察著人類的生活舉止。他們存在，但是人類看不到；他們擁有永生，卻沒有人類的味覺、嗅覺、觸覺等等活著的感受，沒有內在情感；他們只能絕然、漠然穿梭在人間，沒有七情六慾，沒有生老病死。

瑪姬是一位醫術精湛的仁醫，有一次當她挫敗於無法挽救的生命時，有了懷疑、灰心，她思考：「生死的問題如果不能由醫學掌握，那還能做什麼？」

隱形在一旁好奇觀看她的天使賽斯，情不自禁地想要安慰她，甚至現身與她相見，情愫開始滋生。天使賽斯在觀察人們時，從瑪姬身上，看到了人類的「自由意志」，也知道「做自己想做的事」是珍貴的。更重要的是，他愛上瑪姬了。我們也可以說，他愛上了「自己所沒有的」，因為他開始羨慕「當人的種種好處」。

賽斯在得知「如何從天使成為凡人」的祕訣後，他多了一種選擇。

就在「當天使」與「成為凡人」之間舉棋不定、無法抉擇時，瑪姬突然告訴現身的賽斯，說自己即將嫁給同事。賽斯毅然地選擇「成為凡人」，鼓起勇氣從摩天高樓跳下，放棄天使所擁有的「永恆生命」，向瑪姬示愛、告白。

一位天使的愛，義無反顧，他失去永恆，也成就了另外一種永恆。

「我願意。我願意用天使的永生交換，聞到瑪姬的髮香、撫摸瑪姬的肌膚、親吻瑪姬的雙唇。即使只有一天。」

這部電影要說的是，「他擁有過最完整的一天，哪怕用永生交換」。淪為人類的賽斯與瑪姬相戀，度過美好的一天。次日，瑪姬卻因車禍意外身亡，徒留賽斯孤獨在人間。《X情人》講述了一個悲傷又唯美的愛情故事，關於愛情，當你拚盡全力爭取的時候，先得下一個很大的決心，願意承擔，也要有承受額外傷害的勇氣。

愛上自己的陰影，又何嘗不是如此。

誤導或是自甘迷路，愛情可以愛人，也可以愛這個世界——

愛情哲學，真是博大精深，而且沒完沒了。

它可能是一種原始生命力，或是「你的陰影，所以你愛」的誤導，小說家赫曼·赫賽（Hermann Hesse）的《提契諾之歌》（*Tessin: Betrachtungen, Gedichte und Aquarelle des Autors*）說：

你不是愛情的終點，只是愛情的原動力。

我將這愛情獻給路邊的花朵，

獻給玻璃酒杯中搖晃著的晶亮陽光，

獻給教堂的紅色屋頂。

因為你，我愛上了這個世界。

我想引薦一位大唐的文藝女性薛濤入座。她相映於大宋的李清照，完全不失色。如果以洛神花茶款待她，應該合宜吧。

薛濤年少喪父，為生活所迫，應召入劍南西川節度使幕府，被編入樂籍。此後她用幾十年的成長，透過自己的才華與人格魅力，才擺脫這種低等的身分，重新塑得人生高度，成為一位受敬重的女性文人。她與當時名士元稹、牛僧孺、張籍、白居易、令狐楚、劉禹錫、張祜、段文昌有往來。她與元稹交情最篤，彼此相戀。

我想請她說說歌伎時期的榮辱、熱戀與失戀，經歷滄桑後的淡定與自由。

【我與薛濤閒聊大唐的成都造紙藝術】

王浩一：請不要怪罪，我要如何稱呼你？薛校書？還是直接喚你本名薛濤？

薛濤：無妨，兩者皆可。熟友稱薛濤，泛泛之交則多稱我薛校書。我真的無所謂。

明白，謝謝薛校書指點。人稱王司馬的詩人王建，他有詩「萬里橋邊女校書，枇杷花裡閉門居；掃眉才子知多少，管領春風總不知。」我想起來了，在大唐時期那些詩人也都尊稱你「薛校書」，剛剛提問如何稱謂，失敬！失禮！

千年來有謂「南華經、相如賦、班固文、馬遷史、薛濤箋、右軍帖、少陵詩、摩詰畫、屈子離騷」，乃古今絕藝。薛校書，我想先請教「薛濤箋」這件事。

唉呀，這件事過譽了。把我手作的寫詩紙張，與莊子的《南華經》、司馬相如的漢賦、班固的文章、王羲之的行書、杜甫的唐詩、王維的山水畫、屈原的離騷等等擺在一起，真讓我誠惶誠恐。

薛校書，你親自動手「造紙」這件事的起因與過程，可否說明？我真的犯好奇呢。

我二十八歲「脫籍」，那是元和三年（八〇八）之事。我擺脫了「樂伎」這個身分的囚禁，離開了節度使幕府，搬到成都郊區浣花溪下游，地名是百花潭，不遠處是五十年前杜甫曾經居住過的草堂。

中唐時期浣花溪畔聚集了許多造紙作坊，那裡的造紙業在成都頗有名氣，因為當地盛產竹、麻、桑、木芙蓉等造紙材料，同時浣花溪水質甚佳，加上浣花溪接通錦江，交通便利，便於紙箋運輸。

成都是大唐西南政治中心，人文薈萃、文化發達，自然帶動了造紙業的發展。但是囿於技術侷限，紙張的品質參差不齊，漫無規格，長短寬窄不一，紙的著色也很單調，雖有一些雜色箋紙流行，色澤卻都俗陋。紙張的顏色以黃色為主，仍沿用晉代的黃柏樹皮熬之浸染而成。我看不下去，便開始動手以木芙蓉樹皮為料煮糜、煮爛，製成紙漿材料，再加入芙蓉花末，也將花瓣搗成泥再加清水，綜合而成製造彩色箋紙。

傳說當時你的箋紙，有十個顏色呢？

嗯，我漸漸開發出許多彩箋，有深紅、粉紅、杏紅等明黃暖色調，綠色調則有深青、淺青、深綠、淺綠、銅綠、淺雲。我自己偏愛紅色，寫詩所用的詩箋稱之「紅箋」。比如「紅箋紙上撒花瓊」、「淚濕紅箋怨別離」、「總向紅箋寫自隨」，因為以深紅為多，所以許多詩人直接稱之「深紅小箋」。

咦，這個深紅色的紙箋，似乎不能以紅色紙漿完成？你的技術應該有更精進才對？

對，我後來在紅花中淬得染料，再以一些汁液膠質調勻，塗抹在紙上，一遍一遍慢慢塗得均勻，隱約有了花紋，再利用舊書夾住濕紙，或是用能吸水的麻紙，附貼染色的紙張，再一張張疊壓成搩、壓平、風乾。風乾之後，呈現松花紋路，更顯拙樸雅味。

這樣的工藝製作方式省料、加工方便，一舉解決了外觀不勻，無法同時一次製作多張色紙的問題，因此開始風行蜀中，大家都稱它「薛濤箋」。許多旅行、移居、仕途到四川的詩人，他們也愛用彩紙寫詩，更顯雅致，成了文化小時尚。

我知道晚唐詩人李商隱，他也愛用薛濤箋，他在詩裡吟有「浣花箋紙桃花色，好好題詩詠玉鉤」。宋朝詩人沈立把你的箋並論王維的畫，他說：「畫思摩詰筆，吟稱薛濤箋。」

唉呀，這個「經營造紙為業」真是無心插柳，本來就是弄個小作坊，雇用三兩人，自己隔三差五去看看，也把自己冒出來的靈感火花加進去，結果成了謀生之道。

你客氣了，薛老闆，我知道你的製紙坊有聲有色，頗具規模呢。

造紙之餘，種花、看花是我生活中重要的消遣——

薛校書，你在浣花溪時期，除了創作紙箋，也有了「角色轉換」，就是從伎到士，可以說說這一塊？

由於我是女性，又永遠不可能徹底擺脫「伎」的陰影，能做的，只是在「伎與士」的雙重角色中，著力傾斜、努力靠攏「士」。過去我在幕府，是給達官貴人逗樂的「詩伎」。在浣花溪之後，即使向節度使獻詩，努力保持慷慨陳辭，態度無關卑亢。比如「始信大威能照映，由來日月借生光」、「卓氏長卿稱士女，錦江玉壘獻山川」等等。

但是如果與幕府同僚、好友的唱和，自己則融入這個群族，並不刻意凸顯身為女性，多以情真意切相對。比如「細侯風韻兼前事，不止為舟也作霖」、「信陵公子如相問，長向夷門感舊恩」。我知道自己必須莊重，才能贏得尊重。

欽佩！欽佩！不作箋之際，也不去幕府應酬。請問你在浣花溪畔的日常生活？《唐才子傳》

描述你「居浣花里，種菖蒲滿門」，這是怎麼回事？

我生性愛花，所以種花、看花是我生活中重要的消遣。不僅在屋前種有菖蒲，還有枇杷、芙蓉花，屋後則有大片竹林，緊鄰住處的浣花溪沿岸則有朱槿花等等。賞花之餘我還寫了〈朱槿花〉：「紅開露臉誤文君，司蒡芙蓉草綠雲。造化大都排比巧，衣裳色澤總薰薰。」

浣花溪在春日裡，有綠油油的菱與莖白葉紫的荇，它們肆意地在水面上鋪撒著滿滿葉子，我也寫下〈菱荇詩〉：「水荇斜牽綠藻浮，柳絲和葉臥清流。何時得向溪頭賞，旋摘菱花旋泛舟。」

除了賞花、寫詩，我也讀書、品茶、泛舟，與文友切磋詩藝，與宗教人士論道；交往僧侶、道士，與他們唱和、品茶，甚至靜坐。有一次，有人建議在座的一位僧人吹奏一曲，為大家助興。事後我寫了〈聽僧吹蘆管〉：「曉蟬嗚咽暮鶯愁，言語殷勤十指頭。罷閱凡書聊一弄，散隨金磬泥清秋。」

啊，我想起來了。這首詩傳到後世依然受到喜愛，有一日本詩人那珂秀穗將此詩翻譯成「嗚咽的曉蟬、夜鶯，那是十個指頭的技巧所成，誦經罷了戲吹笛管，散入秋意的清澄」。哈哈，這個白話意境差多了。

與詩人元稹的姊弟戀。薛濤四十二歲，元稹三十一歲——

薛校書，在浣花溪時期，有非常多知名詩人與你唱和。我列出一份名單，如有錯誤，請更正。他們的年紀光譜：令狐楚大你八歲，張籍大你一歲，劉禹錫與白居易小你四歲，段文昌小五歲，牛僧孺與元稹則小你十一歲，還有更年輕的張祜等人……。

哈哈，我知道你要問什麼了，你想要問「我與元稹的姊弟戀」？

是的，可以說說這一段世紀之戀？

我在成都，也聽到了元稹與白居易一起所倡導的「新樂府運動」，他倆對詩歌文化發展有深遠影響。之前聽聞元稹的作品，有人評價「言淺意哀，扣人心扉」，閱讀之後確實頗有動人肺腑之感。坦白講，我喜歡他悲歡離合的詩作。比如他的菊花詩：

秋叢繞舍似陶家，遍繞籬邊日漸斜。
不是花中偏愛菊，此花開盡更無花。

元和四年（八〇九），我已經四十二歲。三月，三十一歲的元稹以監察御史身分奉命出使蜀地。元稹新科不久，在政治上剛正不阿，他主動申請來蜀調查一件公案。

我們在梓州邂逅相遇，元稹年輕，外貌俊朗。

坦白講，當時我是被蜀中司空嚴綬當是「美人計」的餌，以詩伎兼校書身分來接近元稹的。當然，我有私心，想會一會這位痴情愛妻的詩人。我也知道，他的原配夫人剛去世一年。一年前，我已經讀過他所寫與亡妻陰陽相隔、不能長相廝守的遺憾與悲情，共有一組悼亡絕句《離思五首》，其中第四首引發我的憐惜，甚至有了「尊敬」念頭。

對！我記得那首詩。「曾經滄海難為水，除卻巫山不是雲。取次花叢懶回顧，半緣修道半緣君」。非常令人動容的一闕絕句，說得是，從此再也沒有其他女子能夠取代她。第一句、第二句好懂，後人耳熟能詳。第三句我嘗試轉成白話文解釋：元稹以花喻人，表明自己縱然行走於五彩斑斕的「花叢」間，卻也懶得回望一眼其他美麗「花朵」。他表明自己對髮妻的專一，「懶回顧」也表明他對原配的懷念痴情以及對其他女子毫無半點眷戀之思。基本上，他有了不再娶妻的諾言，而且信誓旦旦。

對！對！我當然明白他對前妻的濃烈相思與感人真情……但是，如此痴情詩人講了這般「許諾大話」，「美人計」起初，自己興起了「挑戰他，讓他愛上我」的鬥志。我表現得極為積極，但是相處一小段時光後，我卻有了「芳心暗許」的情愫。之後，他也以超高的熱情積極回應著我的愛戀，我們彼此熱戀。

初見面當天，我們先議詩論政，我走筆作〈四友贊〉，一行七字，分別讚嘆硯、筆、墨、紙。

「磨潤色先生之腹，濡藏鋒都尉之頭。引書媒而黯黯，入文畝以休休」。元稹大為驚服，我也自樂其中。其實，我們第一次傾談時，我感到前所未有的震撼與激情，當晚我們同宿同住。次日清晨，我寫了〈池上雙鳥〉：「雙棲綠池上，朝暮共飛還；更憶將離日，同心蓮葉間。」

元稹則回了「詩篇調態人皆有，細膩風光我獨知；月夜詠花憐暗淡，雨期題柳為欹垂」。對於昨夜我倆激情，他有點自得。

漸漸地，我倆相互傾慕，繾綣纏綿，雙雙陷入了恣意浪漫的溫柔鄉裡。他讓我有了想託付終身的念頭。元稹以松花紙寫詩贈我，我則造十色彩箋以寄，兩人浪漫破表。

愛情不是給人答案，而是創造一個思考——

除了談情說愛，彼此贈詩之外，你們彼此有所影響，可以舉例？

元稹與白居易交好，喜歡茶，我也因此更愛喝茶了，詩酒茶自此混為一體。

他曾經寫了寶塔詩〈一七令．茶〉，詩境卓然，我也因此將飲茶化為情趣，真的近朱者赤，愛屋及烏，哈哈。他的愛好，影響了我的生活歡喜，這篇茶詩文，我真欣賞：

茶。

香葉，嫩芽。

慕詩客，愛僧家。

碾雕白玉，羅織紅紗。

銚煎黃蕊色，碗轉麴塵花。

夜後邀陪明月，晨前獨對朝霞。

洗盡古今人不倦，將知醉後豈堪誇。

說到這裡，几桌上的這杯茶，你一定要嘗嘗，它是洛神花茶，請趁熱喝。我烹煮時也添加了烏梅、山楂、甘草、陳皮、冰糖，微酸微甘，果酸花酸迷人，滋味有多層次表現，我猜你會喜歡。

洛神花茶，洛神？好美的名字，卻有《洛神賦》淒美的感覺，「洛靈感焉，徒倚彷徨」。但是如此美麗而高貴的玫瑰紅，卻是令人欣喜。謝謝你的茶，好喝。但是這個茶名，真令人有傷神的聯想啊！你刻意準備這個茶飲，是要以《洛神賦》暗示人神殊途不得相愛的惆悵？

哈哈，被你看穿了。是，也不是，究竟你們倆戀情最終沒有結果，勞燕分飛。可以定調元稹對你的「始亂終棄」嗎？歷史上不少人稱為他口是心非，你也這麼想？

元稹對結髮妻子韋叢，真的是情深意重。但是之前與之後，他也曾與別的女子有過往，我僅是其中之一。在元稹娶韋叢之前，他與一位女子頗有私情，是元稹的初戀。她即是後來鼎鼎有名、才貌雙全，也是小說《西廂記》女主角崔鶯鶯的原型。

話說他在貞元十六年（八〇〇）赴京應試，二十二歲，因他的文才卓著，被新任的京兆尹韋夏卿所賞識。貞元十九年（八〇三），他與白居易同登書判拔萃科，進入祕書省任校書郎。對於進取仕途背後的心思，元稹最終選擇「娶得了韋夏卿的女兒韋叢，放棄崔鶯鶯」。我知道他的事業心很重。

我們相戀時，他曾跟我提起之前的《鶯鶯傳》戀史，我還笑他「受到良心譴責」才有這個精采作品，還說：「改天，我如果被你遺棄，你也要寫篇小說向我賠罪。」

想想，從我自己少女情竇初開，一生中也有幾段曖昧的情感，或許是我的「伎與士」的身分，閱歷了許多優質文人，他們可能對我傾心，而我往往站在安全距離與他們交往。但是在淡如水的往來之中，也看到他們身上精采的才情與胸襟，讓我傾心，但都止於心動。直到遇見有鮮卑血統的元稹，忍不住的愛，連我都訝異。三十一歲的元稹正值風華歲月，玉樹臨風、才華洋溢。突然降臨的愛情，因為太幸福了，顯得不真實，我忐忑這個愛情隨時會消逝。

而我的「樂伎」身分，對他的仕途發展只有副作用，這一點我有自知之明。當年，對於天長地久沒有奢望，只期待「分離，晚一點來臨」！

元稹為何離開成都？

話說元稹在蜀地期間，在我的支持下，他參劾了為富不仁的東川節度使嚴礪，由此得罪權貴，觸犯了朝中舊官僚階層及藩鎮集團的利益，在政治勢力拉扯中，他被調離四川，任職洛陽，從此我倆關山永隔。我的愛情運不佳，並未怪罪元稹「始亂終棄」。在那個時代，遠距離的愛情，保溫是困難的，甚至是奢想。

當元稹的異動他處詔書送達成都時，分別已無可避免，心中十分無奈。

能說說分離當下時的心情？你有情詩創作？

元稹必須先返回京城，從此天涯兩分。分離之際，我在〈贈遠〉是這樣描寫的：「知君未轉秦關騎，日照千門掩袖啼。閨閣不知戎馬事，月高還上望夫樓。」元稹收到詩箋，他答應了卻公事之後，會再來成都與我相聚。

元稹當時與我分手之際，也寫了〈折枝花贈行〉回贈我的不捨與無奈：「櫻桃花下送君時，一寸春心逐折枝。別後相思最多處，千株萬片繞林垂。」

令我欣慰的是，很快地我就收到從異地寄來的書信，元稹寄託著一份深情。勞燕分飛，兩情遠隔，此時能夠寄託我相思之情的，唯有一首首詩了。我屢屢把相思寄語紅箋紙上，兩人以情詩保溫著我們的愛情。

分手後，元稹去了哪裡？他的情思，你們的戀情，最後成了大唐的矚目新聞，怎麼回事？

分手後世事難測，實際情形並不如約定的那樣。元稹後來仕途坎坷，官無定所，之後幾年，更是頻繁地調動。

最後他在長安任職翰林學士，寫出了高調的〈寄贈薛濤〉情詩，從此我們的戀情，公諸於世。而他因再也沒返回成都，被一些人訕笑為薄倖男，唉……怎麼說呢？

錦江滑膩蛾眉秀，幻出文君與薛濤。
言語巧偷鸚鵡舌，文章分得鳳凰毛。
紛紛辭客多停筆，個個公卿欲夢刀。
別後相思隔煙水，菖蒲花發五雲高。

他把我與卓文君雙姝並列，因為我們都是得自錦江滑膩、峨眉山秀麗，所變幻而出的才女。我倆聲音巧妙好像偷得了鸚鵡的舌頭，文章華麗又好像分得了鳳凰的羽毛。元稹真會形容！擅長文詞的人都紛紛停下了自己的筆，自愧弗如。公侯們都想如王濬夢刀一樣，遷官來到成都。他說與我分別後，遠隔煙水無限思念，而這思念就像庭院裡菖蒲花開那樣葳蕤，像天上祥雲那樣高遠。真是甜美的情詩！

元稹這首詩，真是相思滿溢啊！不過，我先試著解釋「王浚夢刀」這個典故，再請你指正。晉朝時王浚夜裡夢見有三把刀懸掛在自己臥房的屋梁之上，一會兒又添增了一把。王浚驚醒，以為不祥。其部下李毅得知了王浚此夢境，於是拜賀他說：「三刀是州字，又益（添加）一刀，難道大人要掌管益州了嗎？」果然，夢後不久王浚就當了益州刺史。

「紛紛辭客多停筆」是每個戀人都會講的話，基本上是「情人眼裡出西施」的痴心與嘆賞。「個個公卿欲夢刀」，大家都想到蜀地成都為官，應該是元稹離開成都後，雖有許多人指責他負心，但是此詩證明他的多情依然秋水伊人，對你的蒹葭之思仍是綿綿不絕。但是你在分手後，自此只能遠望長安？成了一幕遙遠悽情的回憶？

元稹在我們這段纏綿繾綣愛情裡，他對我情真意摯，我也極度愛戀元稹，也真愛慕他在詩詞中的複雜體現。

離開成都六年，他二次被貶，出任通州司馬，一次患上瘧疾，幾乎死去。他說「垂死老病」潦倒困苦，我急得想前往通州，結果被白居易勸阻。他說「朝廷氣氛不佳」，不要節外生枝。我最終明白「樂籍出身」終究對他的仕途是副作用。

隨著歲月流逝，元稹又遠地貶謫，最終無法重回成都。幾年後，我知道了他在紹興另結新歡劉採春，我最終成了過去式，「我們的戀情」成了「我的戀情」。他的最後詩作，「那堪花滿枝，翻作兩相思。玉箸垂朝鏡，春風知不知？」自此，所有的思念皆成了孤芳自賞。

我的思念是刻骨銘心的，對於沒有結果的姊弟戀，絕望後僅能說遺憾，悲嘆。

戀情之後，改穿一襲灰色的道袍——

之後，除了情傷與無盡的單相思，可以請你說說生命裡有何改變？

我換掉了極為喜愛的紅裙，改而穿上一襲灰色的道袍。

我的人生從熾烈走向了淡然，浣花溪旁仍然車馬喧囂，人來人往，但我的內心轉換，堅守著一方淨地。

我對元稹付出了真誠的情感，分離後，我滿心相思和期盼，期望情人重續舊歡的時日。可是春來春去，音訊漸稀，於是寫了一首〈詠牡丹〉，表達我等滿懷的思念與渴盼，以牡丹擬人，在夜深露重中對著盛開的花兒細訴衷情：

去春零落暮春時，淚濕紅箋怨別離；
常恐便同巫峽散，因何重有武陵期。
傳情每問馨香得，不語還應彼此知；
只欲欄邊安枕席，夜深同花說相思。

七年後，我又作了〈寄舊詩與元微之〉一詩，對他的相思，依然深陷其中，不可自拔，也不想銷毀。這種永遠都得不到回應的感情，我並非自憐，只是痛快地擁抱情傷。情傷的存在，可以讓我的詩心永遠不死。我明白，愛情就是自我價值在別人身上的反映：

詩篇調態人皆有，細膩風光我自知。
月夜詠花憐暗淡，雨期題柳為欹垂。
長教碧玉藏深處，總向紅箋寫自隨。
老大不能收拾得，與君閒似好男兒。

我痴情不改，雖愛慕者眾多，卻終生未嫁。我很清楚地將此生愛情視作奢望，曾經在《春望詞四首》一詩中寫著：「風花日將老，佳期猶渺渺。不結同心人，空結同心草。」我不忌諱直白地表現了自己對愛情的失望和悲怨，但是我已經將男女愛情轉換成對世界與自由的眷戀。

> 你還記得舊友段文昌？他後來擔任了大唐宰相。你三十二歲時，二十七歲的他入蜀初授校書郎，算是你的同僚。四十八歲時官至大唐宰相職，辭相位後，任西川節度使。寬政治蜀，卻也嚴靜有斷，蠻夷畏服。

他在你死後，為你寫了墓誌銘，這是空前絕後的榮譽。你可知否？

早年，段文昌與我被稱為韋皋幕府中的「金童玉女」。他當年入蜀之際，懷著滿腔抱負，但無施展才華的機會，而我有著籠中孔雀般的抑鬱。我們心意相照，常有唱和，朋友以上，戀人未滿。當時他已婚，我沒有不當的幻想，只有一份濃濃相知情誼。

二十年過往如煙，對於元稹情傷難癒、思念難消。就在元稹五十三歲、暴病身亡後的第二年，我也跟著抑鬱而終。我知道，當時的劍南節度使段文昌，為我親自題墓誌銘。如今，望江樓仍有一副楹聯：

古井冷斜陽，問幾樹枇杷，何處是校書門巷？

大江横曲檻，占一樓煙雨，要平分工部草堂。

【我的後記：可以多情，但不做沙漠裡，鍾情一朵玫瑰的小王子】

廣播人、作家朱顏在《女問千秋》說到：「人為什麼相遇？我們又為什麼在重逢裡歡愉悔恨？果真是人生如夢，情愛好修行？在欲海裡浮沉的我們，不管愛人、被愛、得愛或不得愛，過程都很漫長。……映照於今時空，即使文化環境丕變，而我們仍在愛的無明裡纏縛。我的也是，因為貪相知的難得，容易為善美感動而不能自拔，為萋萋芳草綻放之光華易逝，傷悲不已……在愛裡幾番沉淪。」

人生有時像是在漫漫的山路散步，走著走著，風景就改變了，剛剛那一株美麗的花樹不見了，換成幾叢搖曳的竹林或是不知名的小灌木層層疊疊在旁，再轉個彎有小橋人家幾戶，山坳野花隱隱，林間光影幢幢。

有開店的朋友說：「我開店許多年，總有些人突然就不來了，有些是偶爾驚喜出現，也有其他新來的，漸漸成了常客，建立起新的人際關係。歲月就這樣慢慢改變，一面繼續往前走。店門有人推開，我總不能預期是誰將走進來，跟生命一樣。」時間慢慢流淌，緩緩風起風落，我們在自己的山路靜靜走過，流過一些歲月，也經過一些變化，身邊的人們也有了一些不同。

只有自己似乎原地踏步？當然不是，每個人有自己的路徑，有時他們陪你走了一段，或長或短，有時僅僅萍水相逢，即使家人也是如此。那愛人呢？有時一晌貪歡，有時十指交扣雲雨巫山。幸運地，有人一起共赴遠方，也有終究分手他鄉的。人生的路徑或許因為增加愛情，沿路風景添了美麗。但是我們仍然無法阻止舊事故友的過去，纖細的彩雲橫飛遠離，包括一段一段的戀情。

薛濤一輩子就真愛過一次，僅僅一年多與元稹朝夕相處，最後陪她行走人生長長山路的，僅是無盡的相思。後悔嗎？她說無悔。尼采（Friedrich Nietzsche）在《查拉圖斯特拉如是說》（*Also sprach Zarathustra*）說道：「我鍾愛，那些在受創時依舊保持其深邃的靈魂。」

瀟灑的徐志摩一生追求愛、自由、美。他說：「人生不過是午後到黃昏的距離，茶涼言盡，月上柳梢。」他是明白人，我想他一定也懂得黎安・莫瑞亞蒂（Lianne Moriarty）所說：「那些忘不掉、說不出的過去，終究會像荊棘一般，從身體裡面，由內而外地發生，捆縛了你的現在。」所以，他揮一揮衣袖，不帶走一片雲彩。極好！

對於那些依然耐心並誠實地等著愛情的女人、男人、眾生，薛濤的〈春望詞〉也有答案。「花開不同賞，花落不同悲。欲問相思處，花開花落時」。有點蕭索，也有點「花朵盛開，蝴蝶不來，無妨」，我自樂自適於我的單人戀情，如此而已。

第三篇

如何定錨人生的最後姿態？

得獎的作品，詮釋茱蒂・嘉蘭的餘命心境——

二月十日中午，我盯著電視轉播，關注二〇二〇年的奧斯卡獎最佳女主角結果。芮妮・齊薇格（Renee Zellweger）一如外界所預料，以《茱蒂》（*Judy*）獲得最佳女主角獎。我之所以會關注，並非我是芮妮・齊薇格的影迷，而是喜歡她在電影裡詮釋的角色。她飾演好萊塢巨星茱蒂・嘉蘭（Judy Garland），片中訴說著她在人生最後階段，內心脆弱之際，她的掙扎與她的奮鬥。

電影裡，茱蒂・嘉蘭晚年的脆弱與頑強令人心疼，也令人低首深思，「人生的最後姿態」，應該是什麼？可以是什麼？

面對即將結束的生命，有一位安寧病房的醫師說他的多年觀察中，人生的謝幕感言裡總有遺憾、悔恨，也有感謝。但是他發現許多人「花二十年的時間等死」，這是令人驚悚的事實。關於餘命心境，要如何面對與梳理，或許這才是我之所以關注，也開心芮妮・齊薇格得獎的理由。

新聞報導裡介紹文說：「芮妮・齊薇格在《茱蒂》中所飾演的茱蒂・嘉蘭，就是她在英國人生最後階段的掙扎。」「芮妮以本片獲獎，也象徵著好萊塢，向頑強對抗但是內心脆弱、卻仍持續為大家帶來歡樂與歌聲的茱蒂・嘉蘭，獻上最高、也遲了超過半世紀的榮耀。」

近年來，我開始關注那些內心脆弱，但是外在堅強，甚至顯示一身傲骨的人們，看他（她）們如何一身傲氣，盡顯英雄本色。我也好奇他們晚年內心有「什麼樣的掙扎與堅定」，過往人生中又是遭遇過「什麼樣的委屈與淪落」？

體悟下的選擇：走離；挫折下的選擇：逃離——

二〇二一年七月，兩則有意思的國際新聞。

七月二十一日國際新聞，「疫後掀離職潮」，談長年疫情已經改變許多人的人生觀、生涯規劃，因而選擇自願離開現在的職場，此現象稱「大離職潮」（Great Resignation）。新聞有幾個歐美數據：美國四月四百萬萬人離職，占二・七％，創二十年新高；英國四十％考慮六至十二個月內換工作；微軟調查全球四十一％員工應該會在一年內離職。

新聞副標題是：ＷＦＨ後遺症？ＷＦＨ就是「Work From Home」（在家工作）。可能是職場態度改變了，但那是結果，真正的核心背景是什麼？專家分析背後原因：一、遠距工作讓員工體會到，所有事情不是非得在辦公室裡才能完成；二、更多人嚮往「ＹＯＬＯ」思維，也就是「You Only Live Once」（人只能活一次）。

《大西洋》雜誌等媒體也指出，大離職潮在四十歲以下的年輕工作人之間，以及身有所長的專業人才之間特別明顯。

再說說七月十四日另外一則新聞。日本有「夜間搬家公司」，協助人間蒸發的特別服務。自願失蹤的「人間蒸發」，日文是Jo-u-ha-tsu或是Jo-ha-tsu，意思是「一夕之間就失去聯繫，讓熟人再也找不到的族群」，從自己的生活中消失得無影無蹤。他們常常在半夜離開家園、工作、家人，多選擇不告而別。

新聞引述著非常驚人的數據：自一九九二年泡沫經濟後，日本每年超過十萬人「人間蒸發」，可能是迫於經濟與社會壓力，可能是家人之間的暴力行為，比較少的是企圖尋找自我而逃離的……真能開啟第二人生？

一些媒體粗糙地說：「自願消失的人們之所以這麼做，原因竟然是羞恥心！他們藉由消失這種舉動，來遠離生活上大大小小的挫折，像是離婚、債務、失業以及考試失敗等。」文章中甚至無情地進一步結論這種「任性的」人間蒸發者，許多人最後「把居住地轉移到了無人問津的貧民窟」。

這兩則新聞的交集是：「重新選擇，另外換個起跑線」。YOLO 者選擇了「走離」，Jo-ha-tsu 選擇「逃離」。兩者都是開起第二個人生，但是「走離的」是轉換跑道，改弦易轍，改變節奏。「逃離的」則是激烈地「斷捨離」，徹底從「陌生的零」開始，重新畫下自己的新跑道。

不管如何，許多的人考慮的是「以後，為自己而活」。這些人是怎麼想的？第二人生會比較好嗎？

四部日劇的創作背景，都是逃離者的故事——

日本的「逃離」失蹤者，多屬比較激烈的選擇與斷然的行動，而那些「人間蒸發」的故事與心事，成了戲劇創作者的窺探。二〇二一年七月，我在「網飛」（Netflix）追劇《小太郎一個人生活》（コタローは１人暮らし），這是從漫畫改編的故事，說的是一位五歲小男孩的獨居故事，有趣、溫馨、發人深省。劇中佐藤小太郎獨自搬進清水公寓，父母行蹤成謎，凡事都是自己來。其實他就是一位「人間蒸發」者。

《我家的故事》（俺の家の話）的家庭背景是能樂世家，主角是觀山壽一，他十七歲時選擇

「人間蒸發」，離家出走後，不再聞問家事，直到四十二歲才回家。二十七年的離家歲月中，他是一位帶著面罩的職業摔角手。最後在人間國寶能樂師的父親病危時，他選擇回家照顧失智的父親，也繼承家裡的傳統技藝「能劇」。他的故事說的是「逃家最遠的，或許是最在乎家的那一個」。

《凪的新生活》（凪のお暇）則是一位二十八歲上班族大島凪，原本在大型家電公司任職，為了融入同事的小團體，她努力地「閱讀空氣」，卻活得好累。除了工作的繁忙之外，最厭煩的還是人際關係的經營，因為凪害怕被排擠或討厭，於是不斷討好大家，結果成了大家利用和壓榨的對象。心灰意冷的她，徹底覺悟後要「斷捨離」職場。她說：「我不想再閱讀空氣、再看大家臉色了，因為……空氣不是用來讀的，而是用來呼吸的！」於是她離職了，也離開男友，拋棄了大部分家當與過去，一個人搬到東京郊區獨居，徹底斷絕所有關係。她的故事，說的是「有些成長，必須藉由逃離開始」。

《離婚活動》（リコカツ）說的是男女主角，從一開始生活在同一個屋簷下就發現性格不合，大吵一頓後決定離婚。但是，在此同時他倆的母親都要跟丈夫「卒婚」。結縭超過三十年，現在「決定不再為對方而活，要走出自己的人生」，那是一種覺悟、一種冒險，也是一種勇敢的選擇。男主角的母親薰，離家後到了箱根溫泉旅館打工、學英文。她覺悟的思維是「現在是百歲人生時代，我還有四十年」，「想去看看人生還可以是什麼樣子」，「在這裡他們都是叫我的名字，我不再是誰的媽媽或是誰的太太」。

薰說：「從今以後，我只過屬於自己的人生。」

從日本社會的無意識，觀察台灣多年來改變中的無意識——

日本與台灣，因為地理與歷史背景連結，形成各自的海島開放式的「內向與自閉」無意識。這也是為何我們可以從日本社會樣態，在其文化無意識之下，找到對照現象與參考數據。

近三十年來，當我們在瞭望日本社會的新現象：人間蒸發、孤獨死、下流老人、援交文化、年輕人蟄居、網咖難民、草食男與肉食女、無差別殺人、卒婚行動、終活計畫……等等，台灣比起其他國家更容易理解他們，甚至可以斷言這些新現象，不需要多少年的「時間差」，就會出現在我們身邊。

現今時代的發展曲線，顯得困難與混亂，社會學者警告人們伴隨而來的新焦慮。在我們的身邊，有許多人可能吃得飽但睡不好，可能睡得好但活得累。肩上有社稷的人究竟是少數，大多數人困在人與人之間的關係，有家人齟齬的、有愛情困頓的、有人事浮沉的、有朋友圓缺的、有社會動蕩的。在灰色與藍色的日子裡，許多人卡住了。怎麼辦？對於哀樂中年後的「人生怎麼辦」，我有更多關注。

觀察這些年日本文化路徑、社會變革發展論述，我多了凝視人生的新高度，重新理解現今社會裡中年後的困局與掙脫。六十歲的薰說：「從今以後，我只過屬於自己的人生。」我也在退休前自問：「人生的最後姿態，可以是什麼？」

許多人在一生中有逃離、走離的時刻，那是自己的選擇。但是也有許多人選擇「定錨」，堅持一種職志、捍衛一種價值、守護一種立場。選擇沒有對錯，也無成功與失敗的必然連結，如果有差別，應該只是人生路徑的沿路風景不同吧！

認識一位不退休的老人，說說他的熱血晚年——

我喜歡閱讀前人的故事，年輕時愛看他們風起雲湧的成就，中年後則關注他們雲淡風輕的心態，總察覺他們在晚年，有許多智慧亮點與人性溫度蘊藏其中，值得借鏡收藏。

這次，希望透過「肩上有社稷」的左宗棠談談命運與機會，說說他在中年後與晚年的生命哲學。年輕時，他自稱「身無半畝，心憂天下；讀破萬卷，神交古人」。而今，我們來神交這位七十四歲的左宗棠。他臭屁、自負、倔強，但他真的有料。他與許多老人的樣態不同，沒有退休隱居的計畫，沒有田園將蕪胡不歸的感慨，沒有含飴弄孫的時光，沒有成為愛看書、愛嘮叨的老宅男。

左宗棠的「學歷差」，三次科舉都落第，後來乾脆罷考，打算終老鄉野。當他七十歲時，李鴻章曾經消遣他只有舉人資歷，竟然當了軍機大臣，實在破天荒！李鴻章甚至多次戲稱他是「破天荒相公」。其實，他的驚人成就，光緒帝早已敕命：「左宗棠破格不須考試，直接賜進士。」

但是，自負的他，內心深處還是對於「三次落第」耿耿於懷。左宗棠擔任兩江總督時，當年主考官來到他手下任職。左宗棠依舊不能忘懷落榜之恨，將此主考官叫來，自己把當年應試文章背出來，讓他聆聽。每背一段，便問已經汗流浹背的主考官：「這篇文章哪裡不好了？像左老三（左宗棠自稱，他在家中排行第三）這樣有才的人，你都不錄取為門生，想錄取什麼人？」

哈哈，這樣有趣的老人家，一定要好好地跟他聊聊。

【我與左宗棠閒聊他的農務與昭山安家】

王浩一：季高兄，前些日子我到基隆拍攝公視旅遊節目《浩克慢遊》，認識了一些當地的文史朋友，也去了幾個精采的砲台古蹟。然而我在爬梳這座雨港城市的歷史之際，發現一八八四年清法戰爭，福建巡撫劉銘傳與法軍在基隆交戰兩次，史冊資料顯示這場戰爭的背後主要的指揮人物竟然是你，失敬失敬。左宗棠先生、季高兄你太讓我欽佩了！

左宗棠：嗯，當初法軍在越南節節得手，步步向北進逼，而朝廷或戰或和，莫衷一是。我憂心如焚，分析敵我情勢，認為必須力戰，不可議和，法軍並非不可戰勝。雖然當年我身為東閣大學士、軍機大臣，但正在養病，左眼有嚴重白內障，依然積極奏請朝廷馳援鎮南關，由我督師。

一八八四年九月七日，我被授為欽差大人，督辦福建軍務，這是我第四次掛帥出征。當時我已經七十三歲。就在我從北京南下時，法國遠東艦隊在孤拔（Amédée Courbet）中將指揮下，加緊攻打台灣，台北府城岌岌可危。這段歷史，你應該在基隆旅行時已經考據過了，此次戰場同時遍及越南、福建、杭州灣、台灣、澎湖。這是我人生的最終戰。

知道了你跟台灣的這段歷史連結，讓我添增對你的興趣。非常好奇你「風波不斷、毀譽交加」的人生。可以先請教你為何有「湘上農人」的自稱？

咦，你注意到了，哈哈。這個理由簡單，我是湖南湘陰人，所謂「湘陰」就是湘江南岸的一座老城市，隸屬於長沙府，地理位置則在洞庭湖之南、長沙城之北，所以稱「湘上」。至於「農夫」則是我結婚九年後，在住所附近賃地，種了上千株桑樹，讓妻子女兒養蠶治絲。我當時迷上農業，同時也有經濟上的努力。

我考證過，當年你二十九歲，寫有一首〈自題小像〉，詳細論述當時的家庭狀況，可以進一步說明？

嗯，詩句的前段：「九年寄眷住湘潭，廡下棲遲贅客慚。嬌女七齡初學字，稚桑千本乍堪蠶。」我的妻子叫周詒端，字筠心，是湘譚的著名才女。我們左家實在太窮了，婚後只能住在周氏西樓，形式像是「入贅」周家。妻子性格溫柔，雖然家道殷實，卻也頗能吃苦。

多年寄居於妻家，我常羞恥不能自立。婚後不到一個月，雖然得中舉人，但是三次赴京會試，卻屢屢名落孫山。第一次落第後，我開始任職教館，到外地擔任講師，每年總是歲末年底才得以回家。直到二十五歲，放棄教職工作。

詩句的後段：「不嫌薄笨妻能逸，隨分齏鹽婢尚諳。賭史敲詩多樂事，昭山何日共茅庵？」妻子完全沒有埋怨我的科舉無成、事業緩慢，在清貧的日子裡，她依舊精心打理，而且常在詩句上跟我應和。我倆甚至醉心「輿地之學」，考證歷朝歷代的地圖，自行繪製大清王朝的分省地圖、分府地圖，夫唱婦隨。那是與其他夫妻完全不同的生活嗜好與視野。

最後一句「昭山何日共茅庵？」換成白話：「什麼時候我才能在湘潭昭山建造一座自己的房子，與家人在這裡過上舒心自由、無拘無束的日子？」這句話有餘音，我好奇為什麼選擇安家昭山？

整個詩句之後，還有一行文字「素愛昭山煙月之勝，擬買十笏地，它日挈孥老焉」。我喜歡的昭山，得名的原因是「傳說中周昭王南征時，曾經停駐此地」。它是瀟湘八景「山市晴嵐」所在地，北宋米芾曾來此作畫，並於畫外配詩，題有「亂峰空翠晴還濕，山市嵐昏近覺遙」。米芾取了其中「山市晴嵐」做為畫名。八百年來，此地依舊雲蒸霞蔚、紫氣繚繞、嵐煙襲人。每當我從湘陰船行湘潭時多次路過昭山，並下船登臨，屢屢親炙「煙月之勝」之美，每次都極為感動。

「擬買十笏地，它日挈孥老焉」，這是我的養老計畫，希望將來帶著妻小來此山居讀書，安度晚年。

我以為「瀟湘夜雨」，湘江的秋夜雨景是極致，沒想到昭山煙月另有深情。季高兄，可以談談入贅周家這件婚事的始末？是否讓你為難？

直接原因，家父左觀瀾與岳父周衡在是舊識，他倆早年有婚約在先，而真正到談婚論嫁時，父親與岳父均已離世。雪上加霜的是，連年遭遇社會、家庭變故，我們左家已經一貧如洗，完全無條件將大家閨秀體面迎娶進家門。

古人規制，兩家一旦訂下婚約，除非男方主動放棄，否則終生不能更改，而女方毀約是嚴重辱沒家門的事情。所以，大我八歲的二哥左宗植，行使「長兄如父」的權力，代替我去周家商議這樁難以完成的婚事。喔，我的大哥左宗棫在世只有二十四歲，我十四歲時他因病重不治。

左家既然無以為居，二哥最終同意了岳母王慈雲老人家的建議，讓我先去岳父家寄居成家。所以，嚴格講，我不是入贅。但是寄居籬下，遲遲無法自立門戶，總是讓我羞愧與壓抑。所以，我當時最大的夢想就是「安家昭山」，然後終老於斯，平安一生。

當年種植了千株桑樹，開始忙碌，卻是每天精力充沛。妻子也寫詩應和我的〈自題小像〉，她說：「清時賢俊無遺逸，此日溪山好退藏。樹藝養蠶皆遠略，由來王道重農桑。」

與兩江總督陶澍結為兒女親家——

賢伉儷真是令人欽佩，嫂子上得廳堂，下得桑園，入水能游，出水能跑，真是了不起。季高兄，人生計畫趕不上變化，你後來前往兩江總督、大學者陶澍的家，輔導他的八歲獨子陶桄，而且在陶家教館一幹就是八年。這個其中曲折能否說說？對你人生有何改變？

這件事有前提。陶澍有許多女兒，老來得子，陶桄五歲時與我的長女左孝瑜結為親家。陶澍六十一歲時病逝，歸葬湖南安化。我的老師賀熙齡寫信給我，「命令」我到陶家教館輔導八歲的陶桄。當年我二十九歲，桑園養蠶才剛剛上軌道。

先交代名儒賀熙齡先生，我在二十歲時入長沙城南書院讀書，他即是我的漢宋儒學老師。他講授功課，注重節操，講求實行，而以經世為歸，對制藝沒什麼重視。十年追隨時間，我深受賀熙齡先生「經世思想」的影響。他有一位長他三歲的哥哥賀長齡先生，當時正任職江蘇布政使，因為母親去世，回湖南老家丁憂，我們在此期間結識。他謬讚我是「國士」，知道我家貧，無資購書，之後常常把自己家中藏書借給我看，也討論閱讀的心得。

所以，賀家賢昆仲對我的學識精進助益甚多。

這也是為何說是賀老師「命令」的緣由。至於認識陶澍總督大人則是一番境遇了，我至今回想還是覺得不可思議。一八三七年秋天，已經五十八歲的兩江總督陶澍奉旨回鄉省親，路過醴陵。這一次他的返鄉之旅備受官府重視，一路敲鑼打鼓，前呼後擁。醴陵縣令要我寫個對聯歡迎，於是我在館舍提聯：

春殿語從容，廿載家山，印心石在；
大江流日月，八州子弟，翹首公歸。

總督大人甚是欣賞此對聯，他懂得我字裡行間的立意，於是召見了我，希望認識同鄉晚輩。陶澍自稱「桃花漁者」、「印心石屋主人」，年紀漸長之後自稱「髯樵」。他平日很注重培養推薦湘籍人才，曾國藩、胡林翼等都曾得到過他潛心培養和舉薦。我與他年紀相差三十三歲，當年我還只是一個二十五歲舉人，小小布衣沒有功名。召見當天我倆「縱古論今，至於達旦，竟訂忘年之交」。他應該是以照顧後輩心情，當我是「奇才」吧，哈哈。

陶澍不僅留我「住談」了一晚，而且還改變了原來的行程安排，第二天還專程約我一起遊覽醴陵的風光，繼續邊走邊談。

次年一八三八年，我再次赴京會考，依舊落第。離開北京，返家前我依約前去南京拜望陶澍總督大人。他以貴賓之禮招待我，與我討論學問道德、國計民生，我受益匪淺。對於我落第失落的心情，他指著自己的總督坐位對我說：「他日君當坐此，名位尚在吾右。」你終究會任職這個位子，甚至是比兩江總督更重要的名位。

陶澍鼓勵我不要失志，甚至提出要把他的獨子陶桄託孤給我。這個故事有點複雜，但是我們最終成了兒女親家。他在第二年夏天去世，享年六十一歲。我這個親家關係太高攀了，他以總督之尊，以經世派領袖之名幫我推開了「經世大門」，使得我在湖南官場有些話資。後話：一八八一年，陶澍逝世四十二年後，我也任職了兩江總督。

我的老師賀熙齡先生，稱他的書房為「菜根香書齋」，藏書豐富。沒想到陶澍大人的藏書樓更是驚人，我在安化陶家八年任教期間，翻閱了種種書籍，其中大量的內府輿圖對我的研究幫助匪淺。然而讀書愈多，見識愈廣，我深深反省自己氣質粗駁，乖戾之氣滿溢，於是深自克厲，嚴為課程，從此以「寡言」、「養靜」自律。

直到陶桄十六歲，我才離開安化陶家，回到長沙府開館授學。陶桄也隨著我回到長沙繼續學習，這一年他與我的長女左孝瑜成親。

來到長沙的林則徐大人，特別約見一位湖南舉人——

之後，你以多年的校館薪資所得，在湘陰縣東鄉買了七十畝薄田，也興建了「柳莊」，這是真正屬於自己的家園。想必有一番感慨吧？

開館授學這一年，一八四五年，我已經三十三歲了，終於有了自己掙來的田地。我依然認為「農家為人生第一要務」，埋頭研究農學，試著以古書上所載之法來種地。除了植桑種竹，耕地蒔稻之外，我也在不產茶葉的湘陰，成功種植了茶樹。柳莊成了我的實驗農場。

說到茶，季高兄請先飲用這杯茶，這是我特選的湖南岳陽君山的銀針茶，你一定認識這種黃茶，在你那個朝代它還被遴選為貢茶呢。你喝喝看？味道還可以？

嗯，這是湖南名茶之一呢！我當年所種的茶，比較接近長沙金井毛尖，在咸豐年間這款紅茶頗有名氣呢。記得我所種的茶，烘焙後外形條索纖細、勻整、捲曲，白毫顯露，色澤銀綠隱翠光潤……哈哈，好懷念的時光啊！

一八四七年十一月，初冬，季高兄在長沙教館授課之際，突然接到了雲貴總督林則徐手下送來的邀請。當天你急急趕赴停泊在湘江岸邊林則徐大人的坐船，手持著「湖南舉人左宗棠」大紅拜帖。這件事的來龍去脈，可否說說？

總督大人林則徐是我的偶像，唯一的偶像。當他的手下到了柳莊送來邀請信，說總督大人要立刻見我，心中又驚又喜。但是我得知他這次的長沙之行，是攜帶著夫人的靈柩準備返鄉退休，心中又是一沉。

話說一八四五年十月，林則徐正式結束在新疆的遣戍生涯。曾是虎門禁菸英雄的他，因為鴉片戰爭朝廷戰敗關係受到委屈，被貶謫到新疆伊犁，屯墾廢地、南疆勘荒。道光二十六年（一八四六）六月，結束黜任，林大人任陝西巡撫。次年一八四七年七月改任雲貴總督，他積極處理當地棘手的漢回衝突。然而四個月後夫人鄭淑卿病逝昆明，悲慟之下舊病復發，興起告老還鄉之慨。朝廷以他化解漢回衝突有功，加封為太子太保，賞戴花翎。他依然不為功祿心動，轉身返回福州老家，此年林則徐已經六十五歲。

然而在雲貴總督任內，他提拔了張亮基、胡林翼。胡林翼是陶澍的女婿，我倆是姻親，他又跟我同年次，兩人多了一層親密關係。胡林翼幾次在林則徐大人面前提起我，美言了幾句，說：「湘陰左君有異才，品學為湘中士類第一。」

所以，當林大人路過長沙府，特別盤旋數日，也設宴招待我。我心情激動，三步當兩步跑，到了湘江船邊，在過船板時，一腳踩空，落入湘江，褲管泥濘。這個狼狽模樣被林大人笑問：「這就是你的見面禮？」更衣之後，我們在船艙晚餐相談甚歡。當晚舟船隨波往西漂流，停靠嶽麓山下，江風吹浪，我們喝酒，暢談新疆形勢等國家大事，直到天亮曙光出現才結束。

哈哈，季高兄你這一摔，林大人肯定對你印象深刻，另眼相看。

當晚林大人對我殷切說道：「吾老矣，空有御俄之志，終無成就之日，數年來留心人才，欲將此重任託付……東南洋夷，能御之者或有人；西定新疆，舍君莫屬！」他憂心沙俄覬覦新疆，可惜自嘆年老。林大人對我期待甚重，並且將他在新疆所繪製的地圖、蒐集的文史等資料盡付給我。他的語重心長感動了我，當舟船迤邐而東，我望著他離去的身影，惦念著他的叮嚀，無限悵惘。

嗯，我知道，退休後林大人本來想在北京與在長子林汝舟同住，因為買不起房子，回到福州舊宅，把書房稱之「居雲左山房」，自稱竢村老人、七十二峰退叟，過著平淡的生活。

離開長沙後的一年不到，一八五〇年十一月二十二日林大人病逝福州，享年六十六歲。他逝世的消息是好友黃冕告訴我的，當下我放聲痛哭，久久不止。他離世的消息迅速傳開，震驚全國，即使是長沙府，也設置了他的靈堂，每天都有數千人跪拜他。我寫了輓聯憑弔這位敬重的長輩：

附公者不皆君子，間公者必是小人，憂國如家，二百餘年遺直在；

廟堂倚之為長城，草野望之著時雨，出師未捷，八千里路大星頹。

二十年後，一八七二年阿古柏侵占新疆，林則徐大人當年擔憂的西北邊患問題，果然成為朝廷要面對的頭等重要議題。一八七五年朝廷爭議出兵收復新疆與否，海防派與塞防派各持己見，朝廷上我駁斥李鴻章，說如果丟失新疆，此地不是淪為英國勢力，就是被沙俄鯨吞。此時，我已經六十五歲，如同林則徐在長沙與我會面時的年紀。我振奮發言，力排眾議。最後由我親領大軍，用兵南疆。

這輩子沒啥知交，但是我有老大爺人緣——

林則徐的離世真令人痛心，他的遠憂令人欽佩。當年六十五歲的他，與後來六十五歲的你，中間的二十八年歲月有許多曲折，我們暫時跳過這段歷史。因為我察覺你很有「老人緣」，雖然年輕時科舉不順，四十歲書生下山初出茅廬，五十歲出任浙江巡撫，六十五歲時你已經貴為陝甘總督。這一路晉升之途，有你的才華，也有許多「老人家」當是你的貴人，他們欣賞你、護持你、提拔你，也期待你。可以說說這一塊？

我是標準湖南騾子的脾氣，刀剛火辣，許多人說我傲氣、傲性。中年下山，我四十歲先後入湖南巡撫張基亮、駱秉章幕府，為平定太平軍籌劃。那幾年側身在幕府中，倔強不屈出了名，我署名「今亮」，就是自許「當今的諸葛亮」，有一種唯我獨尊的自我感覺良好，最後連咸豐皇帝都知道了我的脾氣。哈哈。

你說得不錯，我的老大爺人緣真的不可思議。許多長者對我真的是厚愛有加，想想這些人：陶澍長我三十三歲；林則徐長我了二十七歲；賀長齡長我了二十七歲；賀熙齡長我了二十四歲。

賀長齡是我的第一位貴人。一八三〇年，我十九歲獨自到了長沙求學，為院試做準備。賀長齡大人擔任江蘇布政使，奉命署理江蘇巡撫，算是代理省長。因為母親去世，當時他丁憂在家，趁此空檔我慕名前去拜訪。想想當時我是連秀才都還不是的年輕人，他非但沒有嫌棄我，反而熱情接待，甚至以「國士」期待我。

前面也曾提到，他家藏書豐富，爾後整整一年時間，我常到他家借書。此時賀大人四十六歲，他每次都不辭辛勞，親自上樓為我取書。我曾寫下「每向取書冊，賀長齡必親自梯樓取書，數數登降，不以為煩」。謝謝他的愛惜與不吝提攜後進，後來他推薦我向賀熙齡學習漢宋儒學，強化了我「經世致用」的動力與決心。也謝謝其他大人的賞識，我從這些老大爺身上學習甚多，年長時，人生的最後姿態為「提攜後進」，也是我的努力。

嗯，當你從閩浙總督轉任陝甘總督，負責大西方軍務，五十六歲的你非常積極提攜後進沈葆楨，這算是一種傳承嗎？

這個我不敢說「提攜後進」，一八六六年，沈葆楨當時已經四十七歲，非常優秀，當時任

職江西巡撫。除了欣賞他的洋務能力，還有他剿滅太平軍的功績。沈葆楨是林則徐的女婿，這是我「私心地報恩林大人的念頭」。當年我戮力籌備馬尾造船廠的創設，這是大清非常重要的軍事工程，而我奉命必須遠赴蘭州，出發前，殷盼希望丁憂在家的沈葆楨接續我的工作。

我當時到福州老家親自向他請託三次，都被他以「丁憂中」拒絕，最後只能搬出「皇上的大帽子」硬是讓他接手這項工作。他被任命為船務總理大臣，也創立了福建船政學堂。沈葆楨在任內對大清的現代化航海事業、洋務運動貢獻甚大。坦白講，我與有榮焉。

我是湘上農夫，我也是種樹狂人——

想請教你，也是我最欽佩的，是你在出征新疆時，其中的一樁雅事。為什麼一路種了那麼多樹？有資料統計竟然超過一百五十萬株柳樹？後人以「左公柳」標誌它們。可以說說當時的想法？

哈哈，大家都叫我「種樹狂人」。有三個原因，遠中近。遠地說，我本來就是「湘上農夫」，種桑種柳就是我的本業；第二個原因，是受了林則徐大人的影響，當年貶謫在伊犁時，他在吐魯番、伊拉里克等地，努力引用當地水利設施，將大片荒野變成沃土，因為「春風不度玉門關」詩句，他從廣東、福建引進數萬計榕樹、柳樹，綠化沙漠。他的種樹行動與環保觀念，當晚在長沙船隻上，促膝長談時有跟我聊過，深受啟發。

我剛到西北大漠進行軍務時，下令部隊從陝西長武到甘肅會寧東門，六百里，沿途種柳二十六萬株，在甘肅種了四十多萬株，後來在河西走廊、新疆也「狂種」了近百萬株樹。

有人寫詩說我「新栽楊柳三千里，引得春風度玉關」，還滿樂的，哈哈。林大人和我都是受了王之渙〈涼州詞〉影響，詩中的名句「羌笛何須怨楊柳，春風不度玉門關」，我倆都不服輸，硬要春風過玉門。想看看塞外有楊柳依依，遠山白雲、荒漠有一線長長綠柳隨風飄搖。這一幅美麗的畫卷，我們倆用樹寫詩。當時我知道楊樹、柳樹、沙棗樹等有鞏固路基、防風固沙、限制戎馬路徑，也有利行人遮涼作用。後來，種樹上癮了，右手軍務，左手綠化，成了那幾年的行動。哈哈，種樹成了我的強迫症。但，也是我追思林則徐大人的一種方式。

夫人周詒端病逝，只得在崆峒山外徘徊掉淚——

南疆戰役結束，你還在肅州大營，目標改為在北疆的伊犁俄軍。我想請教：光緒五年（一八七九）時，你已經六十九歲，朝廷外交不敵沙俄壓力與訛詐，你決心親自出征，將元帥大營移到哈密。過程中，你特地準備一副棺材，高調地隨軍運行。可以說說當時的心情？尤其全軍看到元帥干霄凌雲，把生死置之度外，眾將士都鬥志昂揚。這一幕真是撼動人心。

我二十歲結婚，四十歲書生下山擔任幕僚，五十二歲升閩浙總督，五十三歲加太子少保，賜黃馬褂，五十五歲到六十四歲陝甘總督任內在西北。補充一點，六十四歲時多了協辦大學士頭銜，奉命收復新疆。這是我的小小簡歷。

話說一八七一年，我六十歲。在寧夏金積苦戰中，這場長達一年半的金積堡攻堅戰，在三月二日終於徹底平毀堡牆建築，也將堡內老弱婦女一萬二千人解赴寧夏固原，分撥荒地安插。還以朝廷封賞的一部分，用了幾萬兩幫回民購辦賑糧，採買麥種。

在這次艱苦戰場上，我失去愛將劉松山；同時，在家裡我也失去妻子周詒端，筠心在三月三日因肝病去世，享年五十九歲。患難與共、相濡以沫是我們相處的寫照，當時在平涼大營收到兒子孝威的家信之時，劉松山陣亡剛滿兩個月。驟然收到噩耗，持著信紙，手抖得厲害，老淚縱橫，信紙都濕了，好一陣子才感覺失態，我揮了手，案前幾位親兵退出帳外。我記得當時癱趴在桌上，無法起身。筠心罹患肝病多年，未料她竟然比我早走。

記得我們夫妻的最後一面，是五年前。我剛獲命為陝甘總督，急忙把馬尾造船廠、學校交接給沈葆楨，火急趕赴西北。率領大軍到了夏口，剛好也是筠心率領大小家眷從閩浙總督府回到長沙，準備返鄉。我登上了他們的船隻，與家人說再見。那是冬天，我拉著她的手在漢口江上分別，江風凜冽，記得她滿是淚水的臉龐，哽咽說：「相公早日回來！」我倆慘然相看，沒想到如今爾後生死相隔。

我在一篇長長給她的墓誌銘說：「余登舟餞別，慨後會之難期，夫人亦淒然相對，勉以吉語慰藉，而孰知此別即終古也。」

季高兄，你要不要先喝口茶？緩一下？

收到噩耗當晚，我獨自在帳外徘徊，塞外深碧的穹蒼，崆峒山黝黑的山稜線模糊，遠處有戰馬嘶叫，春風依然料峭。我記得我僅是反覆呼喚：「筠心，你為什麼不等等我？不等等我？」深夜，無眠，我接連寫信給孝威，讓他在湘陰城東的玉池山幫母親安葬，在她的墓穴左邊也幫我留一處生壙，虛穴以待。

我生性孤傲，甚至激切，自以為一身傲氣兩袖清風，也自許諸葛再世睥睨天下。我自有我，與人無干。率性、我行我素、待人侃直。我心中永遠不在意別人怎麼說，「我輩行止，自關天定」，所有的事情都有天意在其中。在待人上，因為唯我獨尊，直言無忌，身邊沒有知心朋友。沒有知己，我不在乎，我以為「大凡才氣恢廓之人，時有粗豪之病。人之性質各有長短，不可概以繩墨相拘，亦不必求其相諒」。其實，妻子是我唯一的知己，她懂我的孤獨。

那天的眼淚，除了傷悲，我同時也梳理自己多年的壓抑：「以為自己早早已經心湖波瀾不興了，如今索性讓自己大量奔淚吧。」未曾痛哭過長夜的人，不足以語人生。我徹底明白！

記得小時候，祖母曾經對我說過，我剛出生時，她請來一位算命老先生來批命。說了一些什麼「牽牛星下凡」等等吉祥話，但是老先生預言了「不受父蔭，不得母愛」、「日後定合才女美妻」，也提示「只要夫妻配合得宜，臥龍出山，光宗耀祖」、「先貧後富，出道較晚，三十六歲後一飛沖天」……。我父母早逝，家道中落，最後落得「須離鄉成家，入贅他鄉」。妻子的去世，我心中的破洞永遠沒有彌補過，不僅是愛妻去世，我唯一的摯友、知音也天人永隔。

所以，你問我「棺材隨軍同行」是所謂的「壯舉」，除了表示收復伊犁的決心，我的處世哲學是「不以事不可為，而奉身以退」。事實上，年近七十歲的我，常常咳血。多年來在陝甘、新疆之際，已經積勞成疾，更因為水土不服，得有風濕疹子，一到晚上就奇癢無比，難以成眠。妻子的去世，更堅定了我的信念：以一介書生，一死以報家國。「求得一死」是我內心深處的念頭，那是很難向別人說得清楚的幽微念頭。

人生的最後姿態，可以是什麼？——

最後想請教，你人生最後幾年的心思。現代人說餘命管理、終活計畫，心理學家建議「認識自己的本質，過小日子」，可是你在南疆底定之後卻是忙碌依然，鞠躬盡瘁。我還是想請教你：老年時內心深處的人生價值。

光緒十年（一八八四），我在朝廷任職三年，也七十三歲了，以大學士身分在軍機大臣上行走，依舊勞碌。你問我人生價值，其實我早就想過了，童兒、年輕時有了念頭，中年、老年則有了定論。憑我這一介書生，受到特別的知遇，與眾人不同，應當盡我所有、全力以赴。曾國藩說我勤勞與眾人異，也說我有謀略，並寫在奏稿中，這其實都是表象。相處得最久、互相了解得最深的人，尚未能知我，何況是他人？這也沒啥值得奇怪。

年紀漸老，所擔心的是，以後如何被記載在書冊裡？誹謗我的人無法掩蓋我的真相，讚譽我的人反而遠離實情了。千秋萬世名，寂寞身後事，誹謗我、讚譽我，對於這些我都不加理會，我只想在自己有生之年給自己立一個諡號，自稱「忠介先生」，不知行不行？

「忠介」二字你是如何定義？

忠誠耿介，耿介的意思有高潔、正直，有操守、氣節，剛正不阿的意思。你看我就是這樣特異獨行。諡號是古人死後，朝廷按其生前事蹟評定褒貶給予的稱號，那是死後的事，我管不著。但是中年後，我給自己設定了「忠介先生」目標，它是我堅持的「人生任務」。我是大器晚成者，但是我明白年輕以來的每一個腳步的前進，都成就著我。

有一次我靜看岳飛抄寫的〈出師表〉，其中忠義之氣不待言，裡面有一種盎然的書卷氣蘊含於楮墨。這不是迂腐的小儒和輕薄的名士所能仿造的。古人說「不為良相，即為良醫」，我則自許「不為名儒，即為名將」。

「定下自己在宇宙的座標」，是讓自己在漫長人生中不會迷航的好方法。過了中年的人，應該偶爾靜下來，總結一些過往，盤整過去生命累積的一些創傷、榮光。退休之後，甚至退休前，要想想「剩下來的未來」，甚至好好理解「永遠」這個詞彙的意義。四十歲之後，我是這樣思考自己「未來路徑」的。

依循心裡的聲音，慢慢地走在這條為自己畫下的路徑，剛開始可能是摸著石頭過河，一步一步累積生命經驗，當理念與價值逐漸淬鍊之後，路徑會變得清晰。記住「老，不是六十幾歲時突然發生的，而是一個終身過程」。殘忍的真相是，有些人似乎比別人老得快，四十歲就開始了，所以我自己所設定的「謚號」，或是「預寫」自己的墓誌銘，它就是我人生最後姿態的「意義之窗」。

我五十歲之後，已經「認識自己、定錨自己」。我平時性情剛烈、才能拙劣，與世事格格不入。但是我不強迫別人與自己一致，也不委屈自己去遷就他人，對一切毀譽、愛憎都好比聾子、瞎子一樣，既不去聽，也不去看，因為我認為這些東西對自己沒有任何意義。

年輕時「寡言、養靜」是你的座右銘，「忠介」則是你期待的墓誌銘。我這樣解釋，可以嗎？你想看什麼人生風景，就應該買什麼樣的車票。

賽局理論（Game Theory），最早雖然是經濟學的理論，考慮著賽局中個體的預測行為和實際行為，並研究它們的最佳化策略。目前也被廣泛應用在生物學、國際關係、計算機科學、

政治學、軍事戰略。它執行的方式是，要從最後一局解起，再推到現在的賽局要如何「解」下去。談人生也是如此吧，像是季高兄你喜歡的圍棋十訣裡的慎戰與取捨。

對對對！人生的最後的姿態是什麼？也是賽局理論，先擘劃出「你生命的策略終局」是什麼，找出最佳策略，然後從現在的腳下，一步一步「解」，一局一局「解」，最終會達到你最初心的展望。

四十歲中年書生出山前，我的策略終局是在昭山終老、全家安康，所以留意農學是我的「解」。進入幕僚時期，我的策略終局則是希望能如同諸葛亮「運籌帷幄之中，決勝千里之外」，所以我從弈棋之中，專研兵法，自稱「今亮」，那是當時的「解」。

五十一歲升任浙江巡撫，開始獨立統籌地方行政、軍事、司法權力，一輩子有四次任「帥」領軍，之後「忠介先生」成了我的策略終局，也是我早早預設的「人生的最後姿態」。這麼多年來，當我有困惑、迷思、遲疑之際，瞭望「忠介先生」含義，總給了我最佳選擇與答案。

【我的後記：當你處在渙散之中，怎麼辦？】

二〇二一年《Visual Capitalist》統計，標普 500 指數（S&P 500）企業中，列出在位最久的美企執行長（CEO），其中股神巴菲特（Warren Buffett）排名第一，他擔任 CEO 長達五十一年。他說投資沒有年齡限制，而且，腦子愈用愈靈活，投資可以做到生命最後一刻。過去二十年來，全球都在討論誰是巴菲特的接班人？他終究沒有交棒，而且每天都很快樂。他自笑說這是他長壽的祕訣。

人生有兩種寫照，一種是期待五十歲就退休，縱情山林，享受自己的人生；另一種是永不止息，做到生命最後一刻。

如果可以選擇，顯然「縱情山林」遠勝「永不止息」的人數。令人好奇、尊敬那些以「天行健，君子以自強不息」為「餘命管理」的長者。台灣近年來最具代表性的人物應該是台塑創辦人王永慶，他的生命最後一刻是去美國巡視美國廠的營運。我很好奇那些英雄白頭，生命的最後一刻「想的是什麼?」他們所堅持的「永不止息」人生信念，又是為何?

二〇一八年六月，寫完《英雄多情》其中一篇《易經・渙卦》：「看六十四歲的左宗棠如何展開收復新疆之戰」，洋洋灑灑近兩萬字。講的是「渙」卦，說的是「當你處在渙散之中，怎麼辦?」

我說「渙」有兩種渙散：一是環境的渙散，二是人心的渙散。心理情境則是「一盤散沙」。面對「人心的渙散」，需要重新凝聚，古人會去廟裡求神。「王假有廟」，這是顯示領導者至誠之舉。卜卦之人則說此刻「心神不寧、精神不佳，人事與向心力均已離散，有頹廢不振的運勢」。

《易經》則說，要克服渙散，首先要克服私慾。一般來說，有高尚志向的人，做事做人才有熱情，才會緊湊。唐代名臣陸贄有言：「散小儲，成大儲。」一個社會，每個人都犧牲一些自己的小利益，國家的大利益才有保障，才能夠成大事。當今社會對立，渙卦有些智慧值得參考。

當年寫完左宗棠故事，意猶未盡，在周末午後，一杯熱咖啡之餘，我在陽台西望安平外海，那個遙遠的西域方向。關於左宗棠的舊事，我曾經大量閱讀史料研究這位「驕傲的書生」。我說：「今天舉重若輕，化繁為簡，娓娓道來……書寫者的我即使已經擱筆了，卻依舊豪情填膺、久久不散，於是寫下〈夢見左公柳〉詩文，聊記心情。」

那個落日的方向
我沒有在吐魯番與烏魯木齊之間跋涉
我也沒有彳亍蘭州到肅州
卻夢見左公柳千里一線，如碧
寒春裡，瞳孔穿越大漠
有胡馬有星光，也有將軍的大營虎帳
天山退得太遠，草原拓得太大

同治那年的風沙吹著陌生的千絲萬縷
安西城外彭家橋，有老人的滄桑與疲憊
樹下依然懸上舊油燈
咀嚼荒古的餘溫與回憶
也是殘破的土屋孤立，驛道老樹已經被編號
枯木片寫上「勿剪勿伐，左公所植」
它掛在那裡的姿態
和它的晚清年代的顏色
許多在江南出生的女孩不會懂
在哈密長大的男孩，你懂嗎？
一八七四年，在黃銅色的朽與不朽的陽光下

盛熱與酷寒之間進出
那是什麼樣的人生，西征卻把春風引進
壯士長歌，馬匹嘶鳴
千里的轍痕總是隨著藍色月光一起迷路
左宗棠，你栽下什麼樣的心情？

你把一副棺木陪同西行，卻裝飾得壯麗
往伊犁的沙太厚也太燙
熱浪燒著，黑色忍冬花和紫色薰衣草
禍心藏著，哪裡有數萬個俄羅斯的伊凡
磨刀等著，瞄準盛裝的逃難者
戰鼓擂著，你用深邃的眼神瞭望歷史的未來

一百四十年後，我在望西的方向
自問，我以為我是誰？
我也問你
千年春風，竟然為你翻越了玉門關
左公，你以為誰是你？

第四篇

看靜水流深，聽清風徐來，可好？

退休後，田園生活代工中——

二〇二一年初，延續去年的大乾旱，各地水庫已經見底。大家過得辛苦，一方面防疫，一方面對抗天災。四月初，在台東都蘭偶爾山雨一陣，我關掉音樂，獨坐小木屋聆聽好久不見的雨聲。

想起，二〇一六年在梨山拍攝《浩克慢遊》節目，山色蒼黛、行雲繾綣，正錄影著「兩位大叔主持人怡然走在果園菜圃之中」情境，因為雪霸飄來的一陣山雨，停工，大夥多了休息時間。待在山屋雨棚下避雨，我望著遠山趕路的飄渺雲霧，思緒遠颺，多了山居想像，當下慨然興起將來退休以後的生活方式。自忖或許應該去體驗、記錄，寫一本《王老先生有塊地》的晴耕雨讀生活，實現「已歸去，田園不蕪」。當時有一剎那起了心，動了念，我銘記在心……。

如今已經退休六年，我這位王老先生雖然沒有地，現在是「代工種菊」體驗中，咿呀咿呀喲，也可以悠然見山。

沉思著：自由、孤獨、死亡、無意義——

梁啟超說：「凡人必常常生活於趣味之中，生活才有價值。」我在退休日子裡，終於學會腳步放緩。修剪樹枝、種瓜植菜、栽豆採果這些「村夫日常小事」，如今興致盎然，一剪一鋤在手樂不思蜀，不知疲憊曠日，無論枯燥乏味。

經年多次修剪園林的新舊枝枒，技術漸漸嫻熟，懂得取捨技巧，基本農務也難不倒我。餘命管理心思卻多了一些探索，生活與生命、意義與無意義，也有了存在主義的哲學思辨。有人說：「選擇死亡不殘忍，殘忍的是讓他沒有意義地活著。」

我想，這應該也是取捨意義的哲理吧，生活需要修剪，那是減法；日子需要栽植，則是加法。近幾年，隨著歲月的流逝，我覺得愈來愈年輕與自由。

作家、畫家木心說：「生命好在無意義，才容得下各自賦予意義。」這話是先是「消極地」覺得生活枯燥無味，生命心勞日拙之後，一旦推倒「迷惑之牆」，日子才會多了全然體察，才能咀嚼出萬般滋味，生命才開始萌生新綠和期待豐盛。當無意義進而成了有意義，過去迷惘、苦悶之際所自問「生活如此無聊，我活著的意義是什麼?」自然就會有了「自己所給予自我的存在意義」，於是生命沿途的風景多了連結，也多了過程中自由自在的適然。

存在心理治療的歐文．亞隆（Irvin D. Yalom）說人生的四大終極關懷：「自由、孤獨、死亡、無意義。」感覺上有些悲觀，但其實就是強調人類的自主性。書寫《活出意義來》（*Man's Search for Meaning*）的作者維克多．法蘭可（Viktor E. Frankl），他是納粹集中營的倖存者，也是精神科醫師。他被關押在集中營時，體會到當人們所有一切都被剝奪了，唯有人性最後的「自由」，這是不會、也不能被剝奪的東西。他說「對各種情境選擇，人們擁有自己的態度和立場的自由」。他後來創立的「意義治療」，演變成「存在心理治療」。存在主義說「存在先於本質」，我們是先活著，而不是先有意義。意義是你活著的時候，才會去找尋的。

〈多麼溫和的西風〉詠嘆調，自由的意義——

多年來，我在《易經》哲理之路持續學習，我將六十四個卦理，轉化為「人生的六十四個怎麼辦」。我的結論是，每一個卦的人生情境，就是一個怎麼辦、一個生命智慧、一個積極存在的提點。六十四個卦理，它們交織著生命不同的命題，也提供著我們「萬一要面對」的預想和精神雞湯的燉熬食譜。

電影《刺激1995》（*The Shawshank Redemption*）中，男主角安迪違規利用廣播設備，播放了莫札特歌劇《費加洛婚禮》中〈多麼溫和的西風〉詠嘆調。獄中所有的人聽到如此優美音樂，都停下了手上的工作，靜靜欣賞。事件之後，被處罰的安迪，獨自被關禁閉兩個星期。釋放時，餐桌上獄中的朋友問他值得嗎？安迪回答說有些東西是監獄石牆無法監禁的，音樂就是其中之一，可以在腦海、內心盤旋。尤其是「希望」，那是遭受束縛與囚禁之際，無價的自由心靈。

這段音樂的劇情意義，是這部電影的核心價值之一。音樂響起，所有人停下手上的事，佇立聆聽。聆聽時，當時獄中所有人懷抱著什麼心情？安迪的朋友瑞德說：「直到現在，我還是搞不懂那兩個義大利女人在唱些什麼。有些事最好就是永遠也別去揭穿它。我寧可想像她倆是在歌頌某種美到無法用文字形容，或是讓人為之心碎的東西。這些美妙的聲音彷彿竄出了天際，直上雲霄，讓在這灰暗之地所有的人難以想像。它像是隻漂亮的小鳥，飛進了我們這個乏味的小牢籠裡，讓這些圍牆四壁為之瓦解。就只那麼一瞬間，鯊堡監獄裡的人似乎都獲得了自由。」

「事物的本身本來就沒有意義」，這是真理。但是，當我們瓦解「自私的生活封閉」，斷除了無謂的隔斷，當日子有了私密情感的賦予，就萌生了事物的意義，也是活著的意義。

活著的意義有三種：一種是你想要追求外在的成功；一種是你克服困難的努力；一種是你所想要的體驗。

你想要什麼體驗？體驗的範疇有愛情、親情、友情等，還有趣味生活、異國文化等。我呢？

現在，修剪枝葉、菜圃栽種是「我的意義」之一，屬於有趣味的，而且是心靈自由的那一種。

嚮往，嚴長壽在新書裡談「旅行裡的文化與文明」——

當摯愛不見了，當意義消失了，當日子困頓了，請依舊保持信念，如同法國意識流作家普魯斯特（Marcel Proust）所說：「務必要試著在你的生活中，留著一片可以仰望的天空。」

二〇二一年初，嚴長壽的新書《我所嚮往的生活文明》即引用了這句話，「如何在自己的生活中留下這片可以仰望的天空？」他在接受《天下雜誌》資深主編訪談中，說道如果某人對著你說「其實你沒有安排生活的能力」，大部分的人會不服氣。安排生活？這有什麼難？這不是每個人都會的嗎？

過去的我，也會質疑「這是什麼蠢問題？」但是接觸太多剛退休的、退休好一陣子的、退休好多年的……我也要納悶地問：「怎麼有那麼多的人，尤其是男人，竟然沒有安排生活的能力？」難怪有耍廢的「沙發上的馬鈴薯」說法，有「老公退休後成了大型家庭垃圾」的委屈，也有被老婆卒婚的。

如果你有關注二〇二〇疫情初期的國際新聞，許多國家封城了，當時馬來西亞下令「購物僅限一家之主」，結果是「眾多男人在超市裡迷路」。新聞的說明是「不知道菜長什麼樣子的男性在市場裡迷路」、「感覺像是玩尋寶遊戲」、「白菜與芥菜到底要怎麼分啦！為什麼有那麼多種高麗菜啊？」簡單的柴米油鹽竟成了人生挫敗，成了國際新聞的奇聞，也成了訕笑的話題。但是，你思索過這的新聞背後嚴肅的生活議題？

或許，嚴長壽要談的不是這種生活情境，而是「現在給你十天的假期，請問你打算做什麼？」

他的深沉憂慮是「從台灣人休假的方式與品質來看，很多人欠缺安排生活的能力」，他說表面上是「時間的安排」，真正的問題是「文化的厚度」。他進一步以廣告詞「生命就該浪費在美好的事物上」說明，所謂「浪費」，並非時間平白流逝，而是「有意識地經營和營造」。所謂「美好的事物」即是「生活，需要有品味與挑選的能力」，這個就是文化與文明的具體表現。我的聯想是：「退休的人們，請問你打算做什麼安排？」
規劃十天長假事小，退休人生的生活品質、心靈安頓才是事之大矣。唐朝詩人王維，退休後隱居輞川，覓得一片山林幽居。他說：「看靜水流深，聽清風徐來。可好？」這是他「晚年唯好靜，萬事不關心」的自白，他選擇放下憂國憂民，享受「松風吹解帶，山月照彈琴」。王維的作品〈山居秋暝〉：

空山新雨後，天氣晚來秋。
明月松間照，清泉石上流。
竹喧歸浣女，蓮動下漁舟。
隨意春芳歇，王孫自可留。

未來，學會「一丘一壑也風流」——

二〇二一年五月，台灣新冠肺炎疫情變得險峻，大家忍受「多出來的三級警戒」防疫限制，時間長達兩個月多。除了經濟活動的鉗制痛苦，我們全方位的生活顯得破碎。嚴格防疫的日子紀錄：

一、指揮中心自五月十九日至五月二十八日止，提升全國疫情警戒至第三級。

二、於五月二十五日宣布全國第三級警戒首次延長至六月十四日。

三、又將三級警戒延到七月二十六日。

四、二級警戒由九月二十日再度延到十月四日……再延……

在此防疫限制期間，大家都在問：「三級、二級警戒何時解除？」輿論有人建議：「不要浪費這次疫情！」他的意思是「趁此漫長時間，我們應該去做一些平常無法完成的事情」，像是去學日語、多多閱讀、認真烹煮每一餐等等，而非僅是痛快去追劇……。我的朋友跟我說：「終於認真學《易經》一個多月了。」這個也是嚴長壽所問「現在給你十天的假期，請問你打算做什麼？」的本意。

我近六十歲時退休，如果幸運又健康地活到八十五歲，我常自問：「現在我有了二十五年的假期，我打算做什麼？」這是我的「餘命管理」第一個自問！

隨著年紀增長，未來，我會同時在都市忙碌，也在田園隱居，一動一靜，一忙一隱，如果能夠學會辛棄疾「一丘一壑也風流」，能夠參透李白「暮從碧山下，山月隨人歸」，那才是人生的幸福。幸福不是學歷、財富，或是多少掌聲與聚光舞台。幸福應該是，不論疫情與否，自由心靈隨時能進出孤獨，自適自在。

而王維的退休境界究竟為何？我尋他去，秋月正好，天遠雲高。

【我與王維談「詩中有畫」的寂靜美學】

王浩一：摩詰居士，久仰，久仰，請坐。這是秋天殺青的菊花茶，你品嘗看看合味嗎？這菊花是黃山腳下的徽州貢菊，透過玻璃杯可以欣賞花瓣秋色。茶水裡已經加了些許冰糖，味道應該更甘美宜人。

你是文人畫的創始者，想請你先談談繪畫。我曾經在台北故宮博物院看過你的〈千岩萬壑卷〉，也看過明朝仇英的〈輞川十景圖卷〉、清朝王時敏〈仿王維雪溪圖〉、〈仿王維江山雪霽軸〉等模仿作品。觀賞中，這些山水繪畫令我神馳。

《唐朝名畫錄》稱你的畫筆「筆蹤措思，參於造化」，也說「如山水平遠，雲峰石色，絕跡天機，非繪者之所及也」。我的欣賞能力有限，但是觀看〈畫雪景〉彷彿讓我讀到「開門雪滿山」神韻悠遠。

王維：「開門雪滿山！」喔，那是〈冬晚對雪憶胡居士家〉，我喜歡當晚輕雪飄灑，深長的小巷靜謐無聲，皚皚的白雪堆積在庭院裡，顯得院子寬闊清閒，「灑空深巷靜，積素廣庭閒」。雪緩緩地飄落在房檐、樹梢、庭院、矮牆，靜靜的素白，帶來清寒，守著寂靜。這個場景，對我而言有不可思議的靜美。

有人稱讚你的畫作「遠看山有色，近聽水無聲。春去花還在，人來鳥不驚」。請問你如何學畫？怎麼辦到的？這個問題會不會太無趣？

哈哈，你的「問題」太多人好奇了，我回答過許多次，答案是：「我、真、的、不、知、道。」但被問多了，後來我乾脆答說：「宿世謬詞客，前身應畫師。」上輩子我曾經是詞客，也曾經是畫師。除了年輕時學過基礎，你問我是怎們辦到的？無解，就好像是美食家，有些人是學而知之，有些人是生而知之。我比較幸運！

因為你的五絕「荊溪白石出，天寒紅葉稀。山路元無雨，空翠濕人衣。」這首詩，後人蘇東坡則讚嘆你「詩中有畫，畫中有詩」，自此這兩句話在繪畫史上定調。可以請教「詩中有畫」這事？

我想，應該是對景色沉醉的領受力與洞察力吧。大約十個字，就可以對環境描繪出大概。比如「大漠孤煙直，長河落日圓」，又比如「明月松間照，清泉石上流」。蘇東坡所說的是我的作品〈山中〉，其中前兩句是寫細節，就是十個字交代清楚，後兩句則突出全貌：「山路元無雨，空翠濕人衣。」

「山路元無雨」，在深秋季節，不是雨季，但是整個山谷籠上了薄霧，山色蓊鬱菁菁，行走在輕霧青翠之間，會有讓人感覺到一種細雨濕衣似的涼意，那就是「空翠濕人衣」的結果。

可以再請教「畫中有詩」這中間的奧妙？

構圖「平遠景」山水，常常在重色的青綠山水和重線的寫意山水之間，多了我新創的一種調和技法，「始用渲淡，一變勾斫之法」，就是勾斫上發展的技法，稱之「破墨」。那是在墨色未乾之際，趁濕合勢再予補充復加，利用宣紙的滲透，融合相通，使得色墨相補。這個乾濕程度的掌握，有些難度，過濕，滲化太快，臃腫無骨；過乾，則難以融洽。

破墨裡面還有小技巧，有時濃破淡、淡破濃，有時濕破乾、乾破濕，有時色破墨、墨破色，不同技法不同表情。哈哈，這個真的很難說得明白。

但是「畫中有詩」對我而言，實有弦外之音。《道德經》有言：「孰能濁以靜之徐清。」一杯渾濁的水，只有等它慢慢靜下來，才能由渾濁轉為清澈。我的畫作內蘊盡是一個「靜」字。靜，不是平庸，而是充滿內涵的幽遠，也像是濁水經歷沉澱後的生命厚度與澄清。

王維在家居士修行，多了「隱居」樣態——

可以探討你的字？王維，字摩詰。佛家「維摩詰」是梵文，意思是「淨名」、「無垢稱」，除了是純淨、沒有汙染的意思，可以進一步說說其中含意？

「維摩」是清淨、無垢的意思，「詰」是名聲、名望。合起來的意思才是「淨名」、「無垢稱」。

「維摩詰」為古印度毗舍離城的一位長者，後人有稱維摩詰菩薩、維摩詰居士者，雖在俗塵，卻精通大乘佛教教義。他的修為高遠，善於應機化導，許多出家者的道行猶有不能及。簡單地說，維摩詰是在家居士的楷模，當然也是我仰望的典範。因此，我對於「在家居士」的定義，總多了「隱居」形式。我的一生可以說是「半官半隱」，官是我的入世，隱則是我的出世。

半官半隱，好棒的生活模式，可以多介紹你的隱居經歷嗎？

第一次隱居發生在年輕時，我的本性「愛丘山」。十五歲時，與好友祖自虛倆隱逸在長安城外終南山讀書，孰料十八歲時，他卻病逝。於是我遷到洛陽旅居一段時間，再回到長安參加京兆府科舉，得了解元。但是次年的進士卻落第，直到開元九年（七二一），我二十一歲時才中進士。

考上進士，我的第一份工作「太樂丞」，就是皇家音樂中心的主管。後來屬下伶人擅自舞黃獅子，那是犯禁，因為連坐法，被貶濟州擔任司倉參軍。

那個山東濟州的小小官，言輕事少。我沒有多餘的抑鬱心情，反而怡然走訪山水之間。開元十四年（七二六），我回長安參加朝廷「詮選」，成績不錯，得以改任「淇上」地方官職，期間寫了許多田園詩，以致人們誤會我在此地過著隱居生活。

當時二十七、二十八歲，你還記得詩文嗎？那些寫著田園風光的字句，已經讓世人注目，但是我好奇你在當下「半官半隱」的實況。

嗯，我有一篇〈淇上即事田園〉，就是寫著當地尋常人家的周遭環境與生活作息，時間點是黃昏，一切顯得優美恬靜。

在河南北邊的淇上任職，平日我就「屏居」農村鄉間，不與他人應酬往來。當時我已經察覺自己「天性好靜，喜歡孤獨」，當看到有村人隱士白天關閉柴門，深覺「這樣圖著安靜，真好」。我自樂「隱士天性」，漸漸形成日後「杜門不欲出」的生活態度。所以稱我是「大唐宅男」，完全命中。亦官亦隱成了我的寫照：

屏居淇水上，東野曠無山。
日隱桑柘外，河明閭井間。
牧童望村去，獵犬隨人還。
靜者亦何事，荊扉乘晝關。

你晚年向佛，參禪之後的詩境不智求、不像取，以禪心統攝世界。待會再請教你的禪詩，但是能否能先說說你「隱居於佛學」的理解？

心性平等若虛空，筆墨蹊徑，無復可尋。

所謂隱居於佛學，我不敢說我已經悟得淨智、淨心、淨土，但是我知道萬事萬形，皆由心出。至於，語言既是造道之致，不復縛在文字，詩便進入妙土清淨，而佛理則在靜中綻放。孤獨，更讓我容易學透生命；隱居，這是我年輕時已經內化的佛學功課。詩境，便成為我的好淨悉現諸淨土。

山水無我，如果有，僅有漁歌迴盪在深浦之間——

請教摩詰居士，你在三十四歲時閒居長安，後來隱居在嵩山。為何獻詩〈酬張少府〉給五十七歲的張九齡，這位大名鼎鼎的當朝宰相？你的心思可否告知？

喔，你有興趣知道來龍去脈，好啊，我先交代背景。

我三十四歲時，是開元二十二年（七三四），張九齡為宰相，主理國政。朝廷當年發生一件大事，范陽節度使張守珪的副將安祿山違反軍令，罪當該斬。但是皇上不聽張九齡所彈劾：「安祿山狼子野心，面有謀反之相，請求皇上根據他的罪行殺掉他，希望斷絕後患。」唐玄宗不同意，反而縱虎歸山。此一事件，讓政敵有欺身攻擊機會。五十七歲的張九齡再度萌生退隱之心，我在野，他在朝，這事看得通透。當時他寫了詩文給我，我則回寫了〈酬張少府〉應和。

後話：這件事，張九齡的預言果然成真。當安史之亂爆發之際，唐玄宗後悔當年沒聽張九齡之言，但也無濟於事了。

明白了。張九齡收到你的詩文，提拔你任職「右拾遺」，進入朝廷，肯定你的才能，也算是回謝知音。你的〈酬張少府〉寫得真好，千年來，後人依舊吟誦不已。我以為，一則是因為山水田園「甚有境」，二則是因為詩中蘊含的禪理。當時，這首詩是否有安慰到張九齡退休之心？他的心濤有更平靜？有如詩文這般豁達不爭？

對對！當是時，張九齡被罷相，李林甫上位，標誌著唐玄宗開明政治的終結。我的心是矛盾的，一方面樂在隱居，一方面又希望以才報國。看著他被罷相，希望他退休後，能擁有「晚年唯好靜，萬事不關心」的達觀，我深信那也是一種人生態度。我雖然才三十四歲，卻有著某些形式的老靈魂，我已經早早安頓好我的生命動靜。這句詩文，說的是我，也是希望張九齡宰相能超脫。

詩中我自言「自顧無長策，空知返舊林」，自思沒有高策可以報國，只求歸隱家鄉的山林。我不如張九齡宰相的大開大闔，也不如他的遠大志向，更不如他有如中流砥柱，報效國家的職志。過去，張九齡曾經多次希望去官歸養，但是幾次閒居又都被朝廷徵召重出官場。我知道他在仕途波折之際，有「寂寞遊子思，寤嘆何人知」的苦悶與矛盾。「松風吹解帶，山月照彈琴」，寬解衣帶對著松風乘涼，山月高照正好弄弦彈琴。「君問窮通理，漁歌入浦深」，君若問窮困通達的道理，請聽水浦深處漁歌聲音。

今天的時代，很多時候我們都被激勵要上進，要勇敢面對，要迎難而上。這樣的追求是沒有錯的，畢竟代表了人生積極進取的一面。但是人生真的就只有這一種選擇嗎？在勞累困乏之餘，不妨靜下來、慢下來。讀著你的詩作，已經退休了的我，多有了些許悟透。

人有自然命限、生老病死，有文化命限，力求功名，付出一生代價，全因束縛在「士志於道」，勉力在修身齊家治國平天下的道途之上，汲汲而行。

我僅是佛老入詩，山水無我，如果有，僅有漁歌迴盪在深浦之間。

你們彼此在臨終前，是不是後悔此生錯過了對方？——

摩詰先生，我另外想請教一個敏感問題，就是你跟李白之間的事。你出生於七〇一年，卒於七六一年。李白也出生於七〇一年，卒於七六二年。你們倆幾乎是同年生、同年亡，為何「老死不相往來」？

李白，人稱「詩仙」，是唐代浪漫主義詩歌的顛峰。你呢，則被稱譽「詩佛」，是田園詩人的佼佼者。兩位都是唐玄宗時期舉足輕重的大詩人，都是名聞遐邇的大文豪，彼此之間也有許多共同好友，像是孟浩然、王昌齡、杜甫，為何沒有彼此相關聯的痕跡？真好奇，你們彼此在臨終前，是不是後悔此生錯過了對方？

這是個好問題，天寶元年（七四二），我們都在長安，兩人都是四十二歲。我剛從嶺南北歸，再次回到長安，擔任左補闕，官職不大，從七品上，掌供奉諷諫，這個官名來自「言國家有過闕而補正之」。同一年八月，李白從山東奉詔入長安。他透過前輩詩人賀知章推薦，得到皇上的賞識，任職翰林。但是兩年不到，天寶三年（七四四）就離開長安，原因是他的〈清平調〉得罪了楊貴妃、高力士。

我們雖然都在長安城，同一個空間，但時間不夠，機緣不足，加上彼此的朋友圈屬性不太一樣。李白的朋友屬「開懷暢飲」型，前輩詩人賀知章長了我們四十二歲，當年他在紫極宮遇見剛到長安的李白，讀了他的作品〈蜀道難〉、〈烏棲曲〉等詩後，感嘆地說道：「子，謫仙人也。」

李白詩名在長安城愈漸隆盛之後，賀知章常常邀約六十八歲的張旭，擅長書法的張旭是賀知章的姻親，也邀了汝陽王李璡、李適之、崔宗之等人，常常喝得酩酊，他們與李白合稱「飲中八仙」。

至於我嘛？天寶二年（七四三），四十六歲的詩人王昌齡、二十八歲的裴迪、我的弟弟王縉等人，一起約了我同遊長安城外的青龍寺，尋訪僧侶。大家在曇興上人院，一起賦詩，說好每人寫一篇同題詩以做紀念。我的意思是李白的酒友是長輩型的，我的酒友則是平輩，淺酌型的。我們喝不到一塊。

特別補充，當天青龍寺之行，王昌齡有詩「本來清淨所，竹樹引幽陰。檐外含山翠，人間出世心」。我的詩裡有「夜坐空林寂，松風直似秋」句子，裴迪則有「浮名竟何益，從此願棲禪」，弟弟王縉有詩「林中空寂舍，階下終南山，高臥一床上，回看六合間」。基本上，我們都是佛教弟子。所以，跟喜好道教的逍遙李白少了交集。

謝謝你的說明，我想再問一個膚淺的問題，你跟李白是「情敵」嗎？千年來多有好事之徒，總說嘴「花邊」。兩位都是玉樹臨風的大詩人，女主角是唐玄宗的妹妹「玉真公主」，三人的情感糾葛，令人好奇。

哈哈，真是千年冤枉。但是風起於青萍之末，倒是讓我與李白多了「不存在的江湖恩怨」，哈哈。

我在二十一歲時中進士，也結婚了，育有一子，早慧，自小就能吟詩作畫，九歲時卻因病早夭。備受打擊的妻子在開元十九年（七三一），憂鬱成疾去世，當時我才三十一歲。妻子去世後，我不再續絃，「三十年孤居一室」，一直獨身。

我的單身生活，禁肉食，穿的都是素色衣物，絕綵衣。我的居室設備精簡，僅有茶鐺、茶臼、經案、牀，此外一無長物，基本上就是過著禪僧的生活。即使在朝廷任職，每當退朝之後，淨室焚香、默坐獨處、冥想誦經。這是我的生活形態，所以傳言與李白是「情敵」真是空穴來風，哈哈，後人的想像力太豐富了。

關於我所寫有關玉真公主的詩，是一首應制詩，就是奉天子之命在應酬宴會上對御製詩的唱和，詩名〈奉和聖制幸玉真公主山莊因題石壁十韻之作應制〉。那是天寶三年（七四四）的事，我依然任職左補闕，有一天隨同唐玄宗與一些朝廷同事到玉真公主的別館一遊，興之所發，大家即景即情，寫詩為樂。當年我四十四歲，獨居已經十三年，而玉真公主則已五十三歲。

哈哈，大家想太多了。

五十歲丁憂，在輞川迴流處落腳住下的日子——

其實我最好奇你的退休生活，摩詰先生，你罷官後，約是五十三歲時在輞川迴流處落腳住下，此後多年的居住歲月令人嚮往。而你最初兩年，將田園生活的點滴，寫成《輞川集》，閒走散居的景點則被你畫成〈輞川圖〉。可否說說那些生活的點點滴滴？

嗯，輞川位於長安的藍田縣南邊，那裡是終南山的谷地，奇峰連綿，溪河水流潺湲，波紋旋轉如車輪的邊框即「輞」，因此而得名。

我在輞川前後有兩所莊園，一所是供養母親的舊莊園，位於谷口，可以稱之「谷口終南別業」。篤信佛教的母親往生後，我發願捨宅為寺，為母祈福。天寶三年，我四十四歲時，又向宋之問購得他的屋宅，位在「孟城口」，這是第二所，稱之「輞川別業」，購屋起初鮮少居住。你所問的作品《輞川集》，即是在天寶九年（七五〇），母親去世，我長住此莊園丁憂守喪，閒暇期間，僅與道友裴迪一起訪遍附近景點，兩人分別所吟唱的作品。

丁憂時我五十歲。初居之時，即吟有〈孟城坳〉，我說到，此屋舍之前已有人居住，今日成為我的居所，然而此新居在我死後，未來會換誰住在這裡？「新家孟城口，古木餘衰柳。來者復為誰，空悲昔人有」。當時因為母親去世，我也白髮半百，感嘆歲月大河，逝者如斯，身為人了的我們僅是幾十年寒暑「借居」人間。所以，五十歲在此開始屏居，我的生死觀更豁達了。

我初住進輞川莊，《輞川集》有一小部分作於夏末，大量是秋天的作品，僅一題是春天的詩。理由是，我在夏天搬入這座莊院，秋天有許多心得感受，像是「飛鳥去不窮，連山復秋色」、「秋山斂餘照，飛鳥逐前侶」。

輞川原野山水的深秋晚景：蒼翠的寒山、緩緩的秋水、渡口的夕陽、墟里的炊煙。我日常生活大約就是散步、喝茶、淺酌、作畫、聽蟬、狂歌。閒居輞川的心境，則是效法陶淵明筆下五柳先生的「閒靜少言，不慕榮利。好讀書，不求甚解；每有會意，便欣然忘食」。

寒山轉蒼翠，秋水日潺湲。
倚杖柴門外，臨風聽暮蟬。
渡頭餘落日，墟里上孤煙。
復值接輿醉，狂歌五柳前。

摩詰先生，我知道你後來又重回朝廷，斷斷續續來回居住輞川莊園。最後，你的遺言交代著將此住所，也施宅為寺，最終成了清源寺。大約過了三十多年，有一位後輩詩人耿湋來到你的舊居清源寺，他的詩說到「孟城今寂寞，輞水自紆餘」、「深房春竹老，細雨夜鐘疏」。

「深房春竹老，細雨夜鐘疏」，真好的意境啊！

唉呀，真懷念那段歲月。記得有一年底「近臘月下，景氣和暢」，我到附近感佩寺小遊，找山僧吃過飯，兩人一起夜遊。我寫下：「北涉玄灞，清月映郭，夜登華子岡，輞水淪漣，與月上下；寒山遠火，明滅林外，深巷寒犬，吠聲如豹。」

另外一位你的後輩詩人白居易，他是在你離世十二年後才出生的。當他四十四歲被貶謫為江州司馬，離開長安城，第一夜住在灞橋鎮滻水之東，第二夜就在清源寺住宿。可惜，他當時心情可能太低落了，不知這裡就是你的舊居。當晚他有詩「往謫潯陽去，夜憩輞溪曲。今為錢塘行，重經茲寺宿。爾來幾何歲，溪草二八綠。不見舊房僧，蒼然新樹木。」

明白。他的詩句說到這是他第二次住宿掛單，第一次是青春的十六歲，第二次是頓挫的四十四歲。十六歲時他發奮讀書，四十四歲時他得罪了朝廷權臣，心情轉折必定巨大。難怪這首詩的後續是「虛空走日月，世界遷陵谷。我生寄其間，孰能逃倚伏」，字裡行間有著濃濃的委屈與無奈。

但是他的最後兩句話「隨緣又南去，好住東廊竹」，態度轉為開闊豁達，非常契合我的哲學，好一位優秀後輩。真好，當年遺願捐出輞川別業舊居，改為寺院，竟然多了緣分。

從佛學到禪詩，一派明心見性的日子——

摩詰居士，想跟你請教佛學。你的佛緣來自母親，可以說說這一事？

家母博陵縣君崔氏，她對佛事非常虔誠。師事大照禪師長達三十餘年，大照禪師就是神秀的嫡傳高足弟子，北宗禪高僧七祖普寂。

家母居家褐衣疏食，持戒安禪。她樂住山林，志求寂靜。這對於我和弟弟王縉影響深刻，我在開元十七年（七二九），二十九歲時，正式拜在道光禪師門下。

天寶四年（七四五），四十五歲，我從左補闕升遷為侍御史，出使榆林、新秦二郡，在南陽郡臨湍驛，遇見神會和尚，這次會面對我影響極大。他是六祖惠能晚年時的弟子，幾度說法自性，我轉而傾心服膺南宗禪法。因此機緣，我應神會和尚相邀，為禪宗南宗六祖惠能撰寫了〈六祖能禪師碑銘〉，恭敬記錄了小傳。

摩詰居士，你既然提到學佛歷程，由北宗啟蒙，轉為傾心南宗，你的佛學世界應該多了禪詩，可以說說這個方面的領悟與創作？

說禪詩嚴重了，因為它必須多一點念佛與參禪。其實，我僅是日子過得明心見性而已。剛剛講我在輞川屏居，這段清靜無為日子，讓我更靠近佛學，也更篤信佛教。隱居生活悠閒自得、隨意而行，沒有嘈雜的人聲鼎沸，也沒有紅塵滾滾的煩惱。興致來時，獨自遊覽自得其樂，一行、一到、一坐、一看，不求人知，只求心領神會而已。我的〈終南別業〉就是我的日常：

中歲頗好道，晚家南山陲。
興來每獨往，勝事空自知。
行到水窮處，坐看雲起時。
偶然值林叟，談笑無還期。

說得好，能再多舉兩首禪詩例子？說說詩句背後的創作念頭。

在清淨地輞川的日子安靜適然，遠離江湖，為人知，不為人知，又如何？我擁有一輪明月和閒適的心境，就夠了！

這段歲月，我歡喜獨坐空山密林中，享受無邊的空寂，像是「反景入山林，復照青苔上」，看那落日從枝葉間灑落，光斑透入了深林，鋪地的濡潤青苔在日照下閃爍發亮。如果是月夜，我則在竹林深處「竹里館」抒懷，一人一琴一月，這就是動靜結合，也是我嚮往的「山月照彈琴」理想境界。天色已暝，月色皎潔，這個光景，也就是孟浩然的風神散朗詩情。

獨坐無事，也是醞釀等待的一種，《楞伽經》云：「譬如菴摩羅果，漸次成熟。」學佛也不要操之過急。獨坐彈琴，則是我的菩提道場。我的作品〈竹里館〉這麼說的：

獨坐幽篁裡，彈琴復長嘯。
深林人不知，明月來相照。

《六祖壇經》說：「萬象有而非有，一心空而非空。」在孤寂無人的山谷，芙蓉花獨自開放，又默默凋零，生的喜悅和死的悲哀都是空境，在空寂中生死明滅，來去自由。我以為這就是「萬古長空」禪的境界，自在來，自在去，不求聞達。所謂花開花落，非空非有，亦空亦有。

簡單地說，日子裡把「我」隱去，山還是山，水還是水，人與自然物我兩忘，不分彼此。主觀與客觀合二為一，從而心地澄明，無塵無垢。這個境界，也是我認為的「終極的心靈自由」。我的作品〈辛夷塢〉這麼描繪的：

木末芙蓉花，山中發紅萼。

澗戶寂無人，紛紛開且落。

【我的後記：可以獨居，但要懂得「隱居」定義，才會好活】

有一次搭了朋友的便車，他小我十多歲，他說再過個幾年，就計畫要退休，以後搬到台南十公里外的鄉間定居。他問：「你覺得我可以做得到嗎？」

我想說：「你必須要忙碌，才顯得出空白的珍貴。」「退休，退了就休了」，其實是一種錯誤觀念。退休後不是不動，更要視「動與做」是永遠的常態。所謂退休，只是將賺錢目標轉為其他更有生命意義的事業。

網路上常常有人論述：「為什麼有人退休後老得快，有人卻依然充滿活力？」

日本職場專家提醒即將退休的人們，愈是在工作表現上亮眼的人，愈可能完全沒有個人興趣，甚至沒有獨自生活的能力，導致退休後生活「舉步維艱」。專家建議，五十歲後，我們該先準備一些興趣，預習一些心情，因應工作以外的「純生活」。

過來人都知道俗語「退休後，男人會變成查某，而女人會變成查埔」，講的是那些在工作上有成就的男人，退休後頓時成了宅男，整天窩在家「無法外出」。他們發現沒事比上班還痛苦，苦得是「不知如何生活」。而女人卻活得更精采，她們對家庭已無後顧之憂，奔放與解放成了她們的日常。此時「男主內，女主外」，她們甚至乾脆「把先生休了」。

「無處可去，沒有歸屬感」成了退休夢魘，這是「退休症候群」失去生活重心的面向之一。於是，專家建議，退休前要準備的第一件事，就是建立在工作之外可歸屬的生活圈與社團，積極培養不同興趣，拓展不同角色。

記得，年輕時聽到一些歐洲年輕人會進行一種傳統的「壯遊」，油然心生羨慕。自文藝復興時期之後，這種有許多附加價值的「壯遊」，除了接觸一些文化遺產、擴大社交圈子，也讓年輕人從知識的啟蒙、人格的定型到對世界的認知，在未來多了「他者的角度，去形塑自己」。

後來也知道早年「日本人成長之旅」，是從海參崴出發，搭上西伯利亞鐵路，一路到巴黎。

那趟巴黎之行，是那個年代的「要真正徹底體會世界」的壯遊。

如果，你沒有年輕時期的壯遊經歷，一路悶頭工作，「然後就老了」，怎麼辦？

我說，對於「愛學習」的人，即是思想不斷移動的人，退休後他依舊樂在「不安於室」，喜歡越界與自由。他的退休生活，不用擔心，他會活得好好的！

至於，「對深度一直逃避」的人，他對獵奇沒有興趣，過去他的生活不斷重複，直到退休，猛然發現時間多了出來，手足無措。一段時間後，發現自己「老得快」，「腐朽」成了一種殘酷與恐懼，怎麼辦？

我說，五十歲以後，大腦灰質層從活火山成了熄火山，我們會慢慢地靜了下來。也會帶出內心裡面很多原本的深層思考，不要逃避這個生理的「機會」。先建立對於未來的退休生活想像，找出一個更大的尺寸。這個想像，開始都是始於模糊，「不需要年輕時的壯遊經歷」就可以「漸漸形成，然後聚焦」。

關於退休日子，恬淡的最高境界，有三：

一、屏居。退休後，可以優雅地享受緩慢的日子。

二、獨居。樂在孤獨，享受空懸的燈和愛靜的書桌。

三、隱居。享受靜水流深，清風徐來，一切樂活。

二〇二二年初，我傳簡訊給我的家庭醫學科醫師說，請他幫我更改每三個月固定回診的日期。我說最近在台東山間閉關寫作，準備過年前的新書完稿。我也說，疫情這兩年，已經把生活的節奏轉化成「半隱半忙」狀態，以陰陽共濟的節奏過日子，休息時完全放鬆一兩個星期：遛狗散步、走走山路、認真做飯、看書寫作。工作時，就火力全開，行程滿滿，樂在奔波。

關於退休日子，恬淡的最高境界，我加上了第四：

四、半隱半忙。你必須要忙碌，才顯得出空白的珍貴。

第五篇

愛不是縮小自己，而是打開世界。

辛丑國運籤預言：「很多東西會水落石出。」——

二〇二一年十二月，台灣陷入「蕾神之鎚」的社會新聞風暴，親友生活對談中，好像不談這個話題似乎顯得不食人間煙火。在此之際，我在台南有一場「大正浪漫之旅」的三天兩夜導覽活動。行前，大家先在一間百年建築的畫廊裡享受私廚午餐，當是這趟旅行的「起手式」。

用餐前，我有一場四十分鐘的時空背景簡報。「大正元年」說的是一九一二年，旅行的主軸就是大正年間十五個年頭，民生、教育、經濟、建築等等「在台南的奼紫嫣紅」。話題從「大正時期的浪漫與生活美學」開場，先說日本畫家竹久夢二的美人畫，他是大正浪漫的代表畫家……。

簡報完畢，主持人忍不住把二〇二一年初我的另一場導覽活動「大清乾隆之旅」的行前簡報「說嘴」了一番。他說那一次「乾隆時期的生活美學」簡報，因為時間點是年初，而我引用了南鯤鯓代天府的「辛丑國運籤」解讀社會民生走向。主持人興奮地說他印象深刻，當時我鐵口直斷：「今年，是造假會露餡的一年，很多東西會水落石出……。」現在年底了，果然，二〇二一年許多「深水級」的環保態度、官場是非、官民貪汙、緋聞事件等等陸續沸揚而出。那張籤文的主文是：

君爾何須問聖跡，
自己心中皆有益；
於今且看月中旬，
凶事脫出化成吉。

其實我判斷的依據是藏頭文「君自於凶」，加上在那張籤文的右下方有一行字「此卦：宋，文舉中狀元，玉真行路」。我是一位歷史控，知道宋朝稗官野史裡有一位狀元高文舉，他赴京科舉前後的失德故事。話說高文舉考中狀元之後，一方面意志不堅受到名利誘惑，一方面他被真相隱瞞，故事裡他顯得貪慕榮華富貴。最後真相水落石出，一切禍端，都是咎由自取，而且是「種種極力作假之後，還是會被攤在陽光之下」。

如果婚姻不是人生的避風港，那是什麼？——

這個「水落石出」預言的論述，我早已忘記。結果是這位主持人記憶力太好了，他在歲末之際提醒了我。他的多言介紹，增加了大家對「蕾神之鎚」驚奇的離婚事件，多了當下「配飯的談資」。而此離婚事件從彼此的回應來看，這段婚姻不會是好聚好散，而是充滿遺憾。

一九二八年以《薩摩亞人的成年》（*Coming of Age in Samoa*）揚名的人類學家瑪格麗特・米德（Margaret Mead），她的名言：「我結過三次婚，每次婚姻都很成功。第一次結婚是為追求愛情，第二次是為追求家庭的親情，第三次是想找伴。」

關於所有離婚事件的心碎與創傷，回頭觀看他們婚姻的最初，幾乎都是從幸福出發。然而以遺憾做收的朋友，四周的親友往往只能勸她（他）或是陪她走出傷痛。但是，瑪格麗特・米德兩次從婚姻走了出來，顯得十分坦然，周遭的人有時不知該如何回應。所以，我們必須問：「如果婚姻不是人生的避風港，那是什麼？」

在此同時，我卻想起李清照中年後，她在喪夫、再嫁、離婚……歷盡滄桑之後，常常回憶起少女時代遊玩的一次場景的〈如夢令．常記溪亭日暮〉，文字裡說著在那柳絮飄飛、清泉涓流的湖畔，她流連溪亭邊，陶醉沙渚風光，忘了時間，不知不覺天色暗淡。夜幕裡只得乘著小舟，載著滿滿的幸福歡愉，快快趕路回家，結果竟闖入了蓮花深處，槳聲蕩蕩，湖水淙淙。沉睡在花汀漁浦的鷺鷗被驚醒，紛紛拍翅激水嘩嘩飛起。這些少女時代的回憶，往往是療癒的過程。李清照在離婚事件後沉思，她對「如果婚姻不是人生的避風港，那是什麼？」有答案嗎？

常記溪亭日暮，沉醉不知歸路。
興盡晚回舟，誤入藕花深處。
爭渡，爭渡，驚起一灘鷗鷺。

在第一時間和傷害你的人斷捨離——

「蕾神之鎚」依舊熱門之際，二〇二一年十二月二十二日我在臉書轉貼了一篇文章，我說：「熱門話題之外的思維，值得關注。」撰文者是《向夕陽敬酒》裡序文作家王曙芳，她也是能量心理治療講師、原能量心理平衡協會理事長。

〈在第一時間和傷害你的人斷捨離〉

這聽起來很像是一個工作坊的題目。

最近台灣接二連三出現渣男事件，我對這兩個男人，如何在「人設」（注：人物設計形象，或是角色設計、人物設定）層面徹底崩壞，並不感興趣，他們的心理狀態和自戀人格，就留給心理專家去分析。

我比較感興趣的是，兩位受害女性，都是高學歷又聰慧的人生勝利組，也都是容貌姣好，擁有迷人外表的女人。這樣的女人，為何無法在第一次接受暴力、第一次發現背叛、第一次被威脅的時候、第一次被勒索的時機，決定斷捨離，認賠殺出關係？

這些美麗聰明的受害者，為何無法立下界線，保護自己的基本尊嚴和人身安全？市面上許多書籍在教導人家如何立下界線，提醒我們意識到自己的界線被跨越時，能夠說不，可以喊停，不繼續被欺凌。

然而，我這幾天面對幾個例子，無獨有偶，卻都是因為過往的創傷，而無法「立下界線」。

A君小時候曾經想要挺身對抗家暴的父親毆打母親，那是她第一次覺得自己長大了，有力氣可以保護母親。然而，A的挺身，冒犯了父親，導致更嚴重的後果。有暴力傾向的父親拿出刀子，威脅她和母親的性命，導致兩人都陷入險境，被更徹底地羞辱。這次的失敗對抗，造成深遠的影響。A君從此無法再維護自己的尊嚴。創傷導致她人際的困難，親密關係不對等，也嚴重影響她的自我觀感。

Ｂ君的先生人間蒸發，同時蒸發的還有許多他們共有的財產。在此之前，他是在婚姻中缺席的伴侶和父親。而Ｂ君對於先生不間斷的外遇，悶不吭聲，也不過問。這行徑和她早年在原生家庭中如出一轍，對於父母的爭執和羞辱都是沉默以對，她在家中是不存在的，被嚴重忽略。如果被注意就會有麻煩，被他人的情緒波及。於是，在婚姻中的忽略，她也習以為常，不覺得可以為自己爭取什麼。

類似Ａ和Ｂ的例子，相當普遍。

無法守住自己的界線，不斷被人侵略欺負，自我欺騙，相信謊言，不願意看到真相。這些並不是因為傻或天真，而且極有可能是創傷後遺症的結果。

因為這些曾經侵入界線的人，威脅到我們的安全，引發恐懼，大腦搜尋記憶中相似的模式，過往的經歷於是重新回來牽制我們，導致我們再度陷入當初的無能為力當中，不由自主地回到對於原初事件的反應模式。受傷的那個我，可能是五歲，十五歲，二十五歲。但是只要創傷沒有被解除，我們的認知和行為，就會繼續被它牽制。即便從邏輯上看來，十分令人費解。

這些人，雖然知道目前的環境或關係對他們是不好的，但你問他們為何不離開，他們會說：「不知道。」腦子早就想離開，但是一再拖延，甚至無法執行找房子或者訴請離婚的行動。這種身心分離的狀況，如果真的探究結果，通常會看到創傷的緣由。腦子可以計畫，但是行動依然會被潛意識的恐懼或罪惡感阻斷，繼續無限循環的惡夢。當事人，一方面討厭這樣的自己，但一方面又被莫名的恐懼禁錮。

在創傷尚未平復之前，想要立下健康界線，來面對正在傷害我們的人或者處境，是相當事倍功半的嘗試。

男女皆然，為何讓自己留在委屈和糟蹋的關係？——

近年網路出現許多「女性與心理」的兩性專家，他們的筆鋒犀利，言詞侃侃諤諤，許多分析，許多鼓勵。台灣進入學習心理學的新里程，作者群一本本擲地有聲的論述，讓人們，尤其是女性們，可以「勇敢看待自己」，可以「長出勇氣的翅膀」。

像是《我可以很喜歡你，也可以沒有你》說著：「我們都在期待遇見好的愛情和對的人，可是在那個人還未出現前，請活成耀眼的自己，做自己的靠山。」另外一本給大人們的繪本《第一次上街買東西》則提醒，經歷過許多大小事之後，再看一次這冊繪本，你會明白原來生命中的勇氣，就是來自一次次小小的跨越。勇氣，是一次次的日常練習。

對於「淪陷於討好和委屈」議題，專家說著「這個人不是不知道怎麼珍惜人，而是他的珍惜不是給了你」。關於「珍惜人 vs 被珍惜」，真是重大迷思與拉扯，許多人的確耽溺在這個泥沼不可自拔。只有當你真正「不在乎的時候」，所謂的「委屈」才會消失，事情才有機會開始變好。「那麼你該做的，不是硬強求對方回應你的重視和在乎，而是要去感受和發現誰是真正珍惜你的人」。想要一個不離不棄的人守候，是你的渴望，但未必是他的，男女皆然，為何讓自己留在委屈和糟蹋的關係？

我在二〇〇七年簽字離婚，事件隱晦，雙方的父母都被蒙在鼓裡，可能連一些朋友也是多年後才察覺我的失婚。我不願多談離婚的理由，只說「多年來雙方的成長速度與方向，已經大大不同」，那是我人生的一大頓挫，我選擇不語。

當時，沒有尋求任何協助，我悶著頭繼續泅泳在文字創作裡。偶爾偷偷內觀自己的心理創傷，偶爾湧現「我的人生又再次屬於我自己，前面有另一個篇章正等著我」的勇敢，偶爾卻又顯現「承認錯愛了人」的傷痛。於是，對於「婚姻後段，淪陷於討好和委屈」的自我檢視，我寫了一首長詩〈苦楝苦戀〉，發表在《中國時報》副刊「人間詩選」，那一天是二〇一三年四月十八日，當是告別遺憾，也讓自己的愛情存款歸零：

我的妻是一株楝樹
我也是，分別住在河的另一岸
三月剛破曉的早上，新月還在
編織愛情薄紗的祕密任務已經完成
晨眠持續，我的花特別輕紫
如雲霞的新顏色
偷偷地將手伸過了河底另一端

挽她，輕觸她的唇
依然熟睡中的她，喚醒
說，這樣的美麗為她綻放
我躍然的腳步成了振翅的雀

晨風裡，我擺動的稍間
所有的薄紫都在流動
像是指揮家的手勢在空中，輕柔地要求琴手
緩緩地，潺潺地，如落雪的速度
夜裡的殘月正在退場
亮度剛好，沒有影子隨行
一切都在濛濛地動身
我新釀的露酒成了縹緲的雲

晨湮尚未散去，城市也才魚白
第一道陽光還在趕路
淡紫，沁了許多水的彩畫
有些大氣地執著筆刷
用力抹著，珍藏了些許日子的色料
渲開，如水墨
有些像蒸霞，濕了天空的乳白與煙紫
我隱掩的醉意成了棲息的夢

晨光來了，清亮地耀眼
而且有溫度的俯視
我的戀紫成了年輕仙人下凡的理由
城市的脈搏恢復跳動

絲絲透入的陽光，幻了活潑的透明簾子
如同用清醒灌溉的瀲紫，施上了脂粉
這樣的春晴太明亮
我不捨的吻別成了獨行的風

我的妻，妳醒了嗎？
我不忍離去的花季已逝
今年，滿樹的瘦紫為妳美麗
妳看見了嗎？

順著月底，所有花瓣從此飄落
河的另一端，我將在那裡等待一年

明年，當我再度綻放寒紫的時候

妳會張望我的春天？

疫情之下，許多人改變了人生路徑，「最終離婚了」——

因為新冠肺炎疫情，許多人在家工作，結果導致離婚率大增。他們說：「每天起床到睡前都必須直視對方，無法迴避，於是摩擦、爭吵被放大，甚至逼到無路可退。」這就是家暴、離婚的導火線。

突如其來的疫情，改變了許多人的人生路徑，「最終離婚了」。於是，我們終於明白這次疫情除了死亡，最大的副作用就是「放大」人與人之間，原本微小或許可以容忍的矛盾。當它被放大了，無論是被逼著時時刻刻直視對方，或是逼得兩地乖隔，於是摩擦更深、更痛。

媒體嗜血，那些名流的離婚事件，被不斷地檢視與報導，八卦蔓延，人心騷動，他們的隱私充斥著網路河道，泛濫成災。閱讀之際，除了添增了這段疫情期間你我的閒談話資，也多了萬千感慨。許多人開始嘗試捫心自問：「那麼，自己的婚姻怎麼了？」許多人的診斷結論是「年輕時，敢冒險卻缺乏歷練。結婚多年後，不知何時開始忍受沉悶無愛的婚姻」。他們已經陷入「再相愛的人相處久了，日子也會變得平凡，甚至乏善可陳」的魔咒。

關於那些陷入「精神困境」的人們，大家平日畏懼碰觸「自己的婚姻話題」。一方面害怕改變，渴望堅守自己擁有的生活方式。疫情的時間一但拉長，這個潘朵拉的盒子就被打開了，許多人的內心就像是一個個開關被打開，那些早早已經知道「對婚姻與彼此，看法已經不一樣」，開始發酵。於是疫情期間，生活裡多了粗糙、瑣碎與不堪，他們被迫陸續檢查「愛情存摺」的餘額，如果有了之前存下的豐厚數字，當危機來臨時，還可以撐下去。但是，如果之前已經是負值，這時只能宣告破產了……。

這樣的婚姻困局變多了，於是，我們會發現近年網站、書本、Podcast，多了一些諮商心理師的心靈資訊、愛情哲理、婚姻真相、女性自覺、心理勵志、人生難題……它們強化了我們對承擔情感的無能，文字其中有各種被簡化的愛的話語，有愛自己的消費主義，也有對名流八卦的私德指導……。

唉，我們這次來訪談李清照，易安居士，她中年喪夫，再嫁又離婚。她的多憾人生，最終無父母、無婚姻、無子女……。

北宋亡國之後，她逃難到了南方，歷經滄桑之後成了驚弓之鳥，那些滄桑的淒風苦雨，讓這位敏感多思的詞人更加難眠，於是陪伴她的通常是酒，在酒精的麻醉之下，才能讓她安睡一會兒。

她說最後的幸福記憶，就是偶爾想起少女時代的「常記溪亭日暮，沉醉不知歸路。興盡晚回舟，誤入藕花深處。爭渡，爭渡，驚起一灘鷗鷺」。

她也說對於過去的事情，避免過度沉思，是中年五十歲的不執著。

【我與李清照閒聊濟南的小食與茶飲】

王浩一：易安居士，歡迎光臨，請坐！你是濟南人，無法用濟南罈子肉、酥鍋、甜沫招待你，但是我準備了油炸螺絲糕，希望你喜歡，嘗嘗看有無你當年的味道。

李清照：哈哈，這個油炸螺絲糕不是當年北宋時期的濟南傳統小吃。它是百多年前才有的街頭小食，清朝末年……它太年輕了。不過這個糕食皮脆內嫩，蔥香濃郁，倒是好吃，謝謝你的費心。不過，這杯老濟南人都喜歡的茶湯，你有心了。

我知道在濟南舊城，老濟南人都喜歡早起先來杯茶，喝茶之後這一天才舒坦，才有勁頭。能否請你先談談北宋的茶飲文化？

我與前夫都是考古控，這個茶飲文化我有研究。陸羽說：「茶之為飲，發乎神農氏，聞於魯周公。」所以說山東茶文化發展源遠流長，但是遠遠不及江南地區發達興旺。嚴格說，山東人「認真」喝茶是中唐時期之後的事，時間到了北宋，才有了江南大批茶葉長途運往華北，自鄒、齊、滄、棣，漸至京邑城市。於是自宋代至今，茶已成為山東人民的生活必需品。

易安居士，請問你們宋代人，為何喜歡喝茶？那時流行喝什麼茶？

在濟南，銷量最多的是茉莉花茶。清晨，大家會去打來冷冽的泉水，燒開後沖泡上一壺細細品味，滿口流香，神清氣順，感受生活美好。

理由有二。首先，濟南人口味重，濟南菜是魯菜的重要分支和組成部分，長久以來的特點就是「油乎乎、鹹乎乎、黑乎乎」，這個飲食習慣，使得濟南人自古就喜愛喝茶。清新爽口的茉莉花茶除了消渴，重要的是可以一解油膩。

理由二是，濟南不產茶，過去運輸能力有限，南方的茶葉來到濟南的多為陳茶，加上濟南人買到了好茶後，會放到木筒裡存放多年，用來招待尊貴的客人。所以，茶葉難免「失味」。怎麼辦呢？茉莉花就充當了調香增香的角色，不僅解決了陳茶的味道問題，還無形中增加了茶葉的芳香度，實在是一舉兩得之法。

你自己有喜歡的茶品？你都怎麼喝茶呢？

我十八歲時，與趙明誠在開封結婚。後來王安石新政改革，引發新舊黨爭，社會動盪。我在二十四歲時，與二十七歲的夫君被迫回到趙家故鄉青州，隱居鄉里。當時公文稱之「屏居」，意思是強迫退隱。所謂屏客居家，就是不能恣意有訪客。

回到老宅之後，我倆相濡以沫，終日與書、茶、珍本、碑刻為伍，不亦樂乎。在此，並非衣錦榮歸，還有點逃難避禍的味道。我倆夫妻看看鄉野的一切，倒是以平靜的心情看待屏居，有種塵埃落定的感覺。我整理了一間房子當是書房，取名「歸來堂」。我們沒有小孩，時間都用在治學。

我自述：「屏居鄉里十年，仰取俯拾，衣食有餘，連守兩郡，竭其俸入，以事鉛槧。每獲一書，即同共勘校，整集簽題；得書畫彝鼎，亦摩玩舒卷，指摘疵病，夜盡一燭為率。」我們的生活情趣在此既豐富又滿足。

我還「發明」一種喝茶比賽，喝的多是茉莉花茶。我對自己博聞強識的工夫頗有信心，提議丈夫「每飯罷，坐歸來堂烹茶，指堆積書史，言某事在某書某卷第幾頁第幾行，以中否決勝負，為飲茶先後」。兩人彼此考考對方經文中的典故知識，來決定喝茶的前後次序，這是我的「閨房茶令」遊戲。

有一次我又贏了，樂得「舉杯大笑，至茶傾覆懷中，反不得飲而起」。在這般生活態度下，我樂此不疲，當時希望能持續到終老，不知無常為何物。

這是我一生最幸福的十年。也是唯一的婚姻幸福時光。

茶，是用來記住的。酒，有時是用來遺忘的——

當你四十二歲時，靖康之禍戰火變色，開封京都淪陷，改變了宋朝的命運，給整個社會帶來了巨大的災難，悲慘成了大家的日常。兩年後，你四十四歲時金兵攻陷青州，你們逃難南渡。次年，就是南宋的建炎二年，終於到了江寧，就是今天的南京。可以說說當時從青州逃難的兵荒馬亂？

就在北宋亡國前，趙明誠的母親在金陵去世了。老母親似乎有預感國家將亡，一場萬民流離之苦，即將展開，她老人家抑鬱之下因病而終。可是國難在前，趙明誠被要求「不准丁憂，維持官職」，他只得先自行直往金陵奔喪，料理後事。

我則先返回青州，將十幾年來節衣縮食，訪遍各地尋來的古冊、碑拓、珍本整理打包，再想方設法運到金陵。兩人分奔兩地，相約在金陵會合。

只是，趙明誠低估了我們在青州多年來的收藏。他的金石書畫已經堆滿十幾間房屋，我獨自在慌亂中「四顧茫然，盈箱溢篋，且戀戀，且悵悵，知其必不為己物矣」。最後用刪去法，去除大量一般文物、大件收藏者，雇用了十五車裝得滿滿，一路往東走海路，「至東海，連艫渡淮，又渡江，至建康」。

母親後事料理畢，守孝期間趙明誠被任命為江寧知府。他自行前往赴任，可是，不久後他因棄城逃跑，落罪被革職。被革職的他，羞愧地帶著我四處流落。後來朝廷不計較此事，在逃難期間，他意外得到朝廷新的任命——湖州知州。他有戴罪立功的心思，心想這次一定要好好振作，接到任命後，獨自冒著炎炎烈日往湖州奔去。

他指示我：「自己渡江去吧！我安頓後，再尋你相會。」

這一段故事，牽扯到趙明誠的死亡，你可以說下去？

我回到住所，繼續整理珍貴文物，不久丈夫生病消息傳來。

原來他還沒回到任所，半路便染上有熱無寒的瘧疾，已經嚴重到不能起床。我知道他性子急，一定服用寒藥。如果，我臆測對了，病情會更加惡化，於是我拋下一切直奔湖州，日行三百里。果不其然，他服用大柴胡、黃芩等性寒退熱瀉藥，病情更重，最後病入膏肓，無藥可救。

我祈求上蒼，但是趙明誠已是風中殘燭。就在建炎三年（一一二九）八月十八日，他流著淚向我說再見，不久死在我的懷裡。那一年，我四十六歲，我們結婚了二十九年。

料理了後事，易安居士，你帶著丈夫畢生心血的收藏，繼續在兵荒馬亂之中南下流浪，你沿途寫詞悼念亡夫。可以說說有哪些作品？

天上星河轉，人間簾幕垂。
涼生枕簟淚痕滋。
起解羅衣，聊問夜何其。
翠貼蓮蓬小，金銷藕葉稀。
舊時天氣舊時衣。
只有情懷，不似舊家時！

天上星河轉移，人間煙幕籠罩。秋涼從枕蓆間透了出來，枕上褥邊，點點斑斑是我在暗夜的淚痕。在這難耐秋夜的孤寂與清寒，起身更衣，向他人問起：「夜已幾何？」

我當取出那件貼著翠色蓮蓬、金色荷葉繡樣的褥衣，睹物而思情，更加傷感。想起舊事，同樣的天氣，同樣的衣衫，只是經歷了滄桑的心情，不再和從前一樣，一切都回不去了。

《詩經・小雅・庭燎》有「夜如何其？夜未央！庭燎之光，君子至止，鸞聲將將」。其中「夜未央」是說「長夜未半」。長夜漫漫，我已經醒來，可是三更不到，本來想用睡眠來麻痺愁苦，無奈不能入睡。我更衣想再度入睡，看到衣上花繡，又無端生出一番思緒來，只是過往的一切都化作煙雲。這就是我當時的日常。喝酒也是當時的日常。喝醉，可以讓我遺忘一些事情。

逃難與重病。文物被盜，遇人不淑——

易安居士，趙明誠去世之後，你的生命依然困厄，甚至更加悲慘，可以說說之後的情形？你可以先喝杯茶，慢慢來。

丈夫死後，我大病一場，身子虛弱。當時國事日急，為保存先夫所遺留的文物書籍，我派人運送行李投奔在洪州（南昌）的趙明誠的妹婿李擢權，他當時任職兵部侍郎。不料當年十一月，金人攻陷洪州，所謂「連艫渡江之書」散為雲煙，損失慘重。我只好攜帶少量輕便的書帖典籍倉皇南逃。一度投靠弟弟李迒，不久繼續南下。

建炎四年（一一四〇），女真大軍南下，宋高宗往浙東一帶逃去，我也隨著皇上的腳步，以為皇上所在的地方應該是安全的。無奈我的步伐總是趕不上，帶著剩下的一點珍貴文物輾轉，最後落腳紹興，租賃了一位鍾姓士子的房子居住，暫時安定，我把所剩幾箱書畫藏置床底。

一夜，有賊人挖牆而入，盜走五箱文物，我非常憤怒，為了找尋這些承載心血與回憶的東西，我公開懸賞尋物。沒想到幾天後，這位鍾姓房東拿著十八軸畫卷來領賞，真相大白。可是獨在異鄉的寡婦，又能怎麼辦呢？只好花錢贖回，至於其他的物品不知所蹤，我哀嘆：「天要亡我啊，丈夫死了，現在連他最後珍藏的東西也被人掠奪，我活著還有何意義？無依無靠，任人欺負……」我陷入傷痛百般、走投無路的絕境，結果病得更重了。

唉呀，真是悲慘，你的弟弟李迒呢？我知道接著是張汝舟出現了。

對！就在病情篤重、孤獨無依之中，張汝舟出現了。他是北宋崇寧二年（一一〇三）的進士，當年官任右承務郎、監諸軍審計司，負責核准軍隊糧草與俸祿。他伸出援手，對我悉心照顧，關懷備至。

我弟弟李迒在太學讀書的時候，聽說過這位張汝舟，覺得他是一個對上直言進諫、對下體恤有加的君子。他說：「無論是年齡、官職，還是才學與人品，都和姊夫趙明誠差不了多少。」弟弟覺得張汝舟是一個可以照顧與陪伴我後半生的人。當年趙明誠已經去世三年，而我四十九歲，弟弟趁著我病情迷糊之際，便以李家家長身分應了張汝舟求婚。

再嫁之後，更是災難與夢魘！張汝舟早就覬覦我的珍貴收藏。婚後發現我並無多少財物時，大失所望，露出豺狼本性，開口向我索取僅剩的金石文物。我當然不依，斷然拒絕。他隨即不斷口角，進而謾罵，甚至拳腳相向。這個應該是你們所說的冷暴力與家暴，渣男行徑吧。

張汝舟行為野蠻，我不堪虐待。後來發現張汝舟還有營私舞弊、虛報舉數騙取官職的罪行。我便報官，告發張汝舟，並要求離婚。

經查屬實，張汝舟被除名官職，爾後被拘囚在柳州。

重病時再嫁，是李清照人生最大的恨事——

離婚要求獲得官府同意，但是你卻入獄了，這是怎麼回事？

我雖然向縣府揭發了張汝舟以前的匿罪，按照宋代《刑統》法律規定：「妻告夫，雖屬實，仍須徒刑二年。」所以，我入獄了。

或許是我的詩詞作品受到當時士人歡迎，或許我的遭遇得到人們的同情。在此關鍵時期，有一位寶文閣直學士，也是紹興府的知府大人綦崇禮，幫了我大忙。他知道我的無辜與不幸，下令免我牢獄之苦。幸運地，我在牢房僅待了九天便被釋放。事後，我對綦崇禮表示「感戴鴻恩」，特地寫了封信向他致謝。

我信中有一段文字：「素習義方，粗明詩禮。近因疾病，欲至膏肓，牛蟻不分，灰釘已具。嘗藥雖存弱弟，應門惟有老兵。既爾蒼皇，因成造次。信彼如簧之說，惑茲似錦之言。」意思是：我平素學習禮儀規矩，粗懂詩禮。前段時間都快病入膏肓了，螞蟻的動靜在我的感覺上好像是大牛在打架。當時，家弟已經備妥了棺木。病臥在弟弟家裡，看管門戶的只有一個老兵。如此孤苦無依，恓恓惶惶，倉促之間造成恨事，輕易聽信了那人的甜言蜜語。

「弟既可欺，持官文書來輒信；身幾欲死，非玉鏡架亦安知？僶俛難言，優柔莫訣，呻吟未定，強以同歸」。我的弟弟軟弱可欺，看到人家帶來的官方文書就聽從；我垂垂病危，又怎麼分辨得出其中禍心？說話既吃力，在猶豫不決的情況下，勉強跟著他同去了。

我的再嫁，是我的創傷，也是人生最大的遺憾。

離婚後，重新提筆，寫出全然不同風格作品——

吉人天相，出獄之後呢？你的日子怎麼過？

病情改善，隨著時間流逝，心靈雨後天青，終於明白「我現在自由了，徹底地自由了」，對於婚姻、時局，甚至對於人生已經看得清淡豁達了，心情坦然，重新靜下來。

大病初癒、離婚、出獄，我寫著平常瑣事與自然之景，我知道必須改變心境，顛沛流離的人生依然，但是我持續閱讀，在文字裡找到「灑脫與樂歡」，作品〈攤破浣溪沙〉就是這般心思：

病起蕭蕭兩鬢華，臥看殘月上窗紗。
豆蔻連梢煎熟水，莫分茶。
枕上詩書閒處好，門前風景雨來佳。
終日向人多醞藉，木犀花。

多喝茶，少喝酒了。持續找些事，讓自己忙碌，企圖轉換心情。於是我重新投入先夫的著作《金石錄》未竟之事，動筆寫〈金石錄後序〉，寫下先夫死後種種經歷、時局的種種變化，也將金石器物的損失留存都一一寫進序文之中。紹興四年（一一三四）終於完成書寫，當時我已經五十一歲。

序文中有許多我的情感色彩，包含了夫妻情趣、丈夫去世之後的流離、所收集文物的散落、對先夫的深情款款，一切都書寫在字裡行間。我說：「三十四年之間，憂患得失，何其多也！然有有必有無，有聚必有散，乃理之常。」我一邊書寫，也一邊梳理心態，多了自我寬慰。當歷盡生命的磨難，看著自己經營的一切瞬間消逝時，我自忖，最後擁有的也許是一份曠達的心態了。

明白，當時你的詩詞創作有哪一篇？可以說明在此時空交際的歲月裡，你的心靈格外顯得澄清曠遠？或是，隱喻你內心世界裡曾經的哀傷？

嗯，有一闕〈好事近〉，寫得是我當時孑然一身的心情，雖然是抒發傷春之情，並非因先睹物而引致傷感，而是大難歸來，孀居獨處，感悟到大自然細微的變化，一切是非，都已經「風定」。當風停了，空虛寂寞之中也多萌發了「情感自由」，我可以自在想念先夫了：

風定落花深，簾外擁紅堆雪。
長記海棠開後，正傷春時節。

酒闌歌罷玉尊空，青缸暗明滅。
魂夢不堪幽怨，更一聲鶗鴃。

既然夢中的幽怨自難消受，那就讓遠處傳來的鶗鴃（杜鵑鳥）聲鳴，把春天送走吧。宏放一點，自在一點，我已經不是寫下「知否知否，應是綠肥紅瘦」的十六歲青春少女，也不是「凝眸處，從今又添，一段新愁」的光彩照人盛夏歲月少婦。現在，我已經是深秋年紀的嫗婦，準備迎來生命中初冬的晚景。

〈金石錄後序〉甫完成，十月，江北有戰亂，金兵再度南侵，我隻身搬到金華避難。爾後金華歲月，有九年，我繼續專注在《金石錄》校勘整理，完成時是紹興十三年（一一四三），我已經六十歲了。在金華的日子，我盡量自在自適地過著，偶爾旅行與出遊，成了我的抒情與創作。

晚年，懷著親人的綿綿思念和對故土難歸的無限失望——

在金華旅居期間，你作有〈武陵春〉詞，感嘆輾轉漂泊、無家可歸的悲慘身世，表達對國破家亡和嫠婦生活的愁苦。那是什麼？

嗯，說說〈武陵春〉，我當年五十三歲，旅居金華已經兩年，這闋詞描寫出我半生居無定所，到處漂泊的哀婉狀態。

風住塵香花已盡，日晚倦梳頭。
物是人非事事休，欲語淚先流。
聞說雙溪春尚好，也擬泛輕舟。
只恐雙溪舴艋舟，載不動許多愁。

惱人的夜風停歇了，枝頭的花朵落盡了，只有沾上花瓣的塵土，猶自散發出些微的香氣。

舉頭一望，太陽已經高掛，我卻仍無心梳洗打扮。歲月更迭，花開花落亙古如斯，唯有傷心的人、痛心的事，令我愁腸百結，一想到這些，還沒有開口，就淚如雨下。

聽人說，雙溪的春色還不錯，我想去那裡划划小舟，姑且散散心吧。唉，我卻擔心啊，雙溪那葉單薄的船隻，怕是載不動我內心沉重的憂愁啊！

易安居士，你的詩詞有相思成愁，有家國情懷，也有人生飄零。在金華你又作〈題八詠樓〉詩，悲宋室之不振，慨江山之難守，其中「江山留與後人愁」之句，堪稱千古絕唱。最後，可以請你說說這些心境嗎？

宋朝的「兩浙路」行政區，計轄二府十二州（平江府、鎮江府，另外有杭、越、湖、婺、明、常、溫、台、處、衢、嚴、秀州），統稱「十四州」。金華，古稱婺州，因其「地處金星與婺女兩星爭華之處」得名「金華」。

千古風流八詠樓，江山留與後人愁。
水通南國三千里，氣壓江城十四州。

我登上了八詠樓，遠眺逸情盡入胸臆，風動衣衫，彷彿千古風流人物。此樓原名元暢樓，宋太宗在至道年間將它更名為「八詠樓」。登高此樓，我暫時放下對國事的憂愁，自忖把它留給後人去煩惱吧。這裡水道密集可以深入江南三千多里，戰略地位足以影響江南十四州的存亡。

旅居金華期間，卜居酒坊巷陳氏第。當我遊歷此座古城，看著如此大好河山，心憂國事，抒發感慨。哀嘆宋室的不振，未來眼前的一切可能落入敵手，我一直有濃濃的家國之愁，但是又奈何?所以我自勉說，十年前那些改嫁創傷與悲憤難堪，已微不足道了。

年紀愈長，能做的事愈來愈少，我開始懂得勇於拒絕自己不想要的生活，這才是生命的真諦。但是，祖國山河破碎，徒成半壁，那個憂國之情，真痛。生活的艱辛，人生的坎坷，物是人非事事休。

【我的後記：婚姻，人生旅程中某個階段的一種有伴狀態】

有一則新聞「一百零七歲阿媽長壽祕密」，她在歡度一百零七歲生日時竟表示，長壽的祕密是「保持單身」。當然這是玩笑話，她只是引伸妹妹總說著「真希望我從沒結婚」，顯然她在調侃妹妹的抱怨。但是，關於走入婚姻或是走出來，總是永恆的話題，或者是「永遠的學習」。

所謂婚姻，有人解讀是「人生旅程中某個階段的一種有伴狀態」。人生中有時有伴，有時無伴，但這並不表示成功與失敗。只要自己的人生有方向和目標，就算一個人，也會好好地走下去。所以說「婚姻並不是什麼避風港，只是人生路途有伴」。如果你的婚姻超過二十年，這個「有伴」說的是情人、家人、友人演化狀態，他們隨著歲月扮演著不同身分，陪伴在我們人生不同階段。

李清照十八歲因為愛情而結婚，四十六歲趙明誠病逝，他們的婚姻長達二十九年。她的喪夫之痛與大宋山河破碎，都在轉眼間接踵而至，個人的命運如同浮萍一般，到處飄泊。

幾番逃難，幾度大病，她的再婚事件，顯然是「最初希望人生一路，再度有伴」，但是所託非人，一場沸沸揚揚的離婚官司，讓她悟懂「所謂婚姻，只不過是人生旅程中某個階段的一種有伴狀態」，未來的無伴人生，只要是活著，自己的人生就隨時可以重新開始。一切，都是選擇。

我說，愛情可以幫我們打開世界。但人到最後，是自己要為自己的人生負責，跟婚姻沒有關係。有伴無伴，沒有絕對好壞，也非成功與失敗的審視標準。

第六篇

有時書一卷，酒一杯

不勞而獲的野番茄，真是小確幸——

三月初，天氣依舊料峭。我在鄉間山居，閒看那些欣欣向榮的大小植物，讚嘆「山野忍不住的春天」。起初印象，覺得大地蔚然好看，慢慢深入觀賞、探索之後，除了葳蕤茂盛，馥馥森森，更訝然它們演繹著不可思議的生命哲理。

偌大草坪上，長出幾株怯怯生生的野番茄，不請自來模樣萌趣。兩個星期後此起彼落開著鐘形小黃花，甚至結了如同玻璃珠大小的漿果，一串有六、七顆，先是草綠，幾天轉成橘紅。我摘了幾串，入口一抿，即刻在口腔迸開，鮮甜多汁，頗令人驚喜的好滋味。如此生命力旺盛，不勞而獲的山珍，對久居都市的我而言，真是小確幸。

任其生長幾個星期，赫然發現它已經蔓生一大叢了，倚著大石頭，蔓藤綠葉舒展交疊滿地，雜生成堆。於是搭建了竹架讓其攀爬，淨空地面免得藏蛇。一米半見方的竹棚上，顯得厚厚沉沉，卻翠綠盎然，生機勃勃，豔紅亮紅的小番茄熱鬧盈盈，每天豐收。

野番茄又稱袖珍番茄，不是台灣原生種，應該是荷據時期，一六二二年，荷蘭人間接從南美洲引進台灣。因為太小顆，沒啥經濟價值，到了日治時期，被新歡黑柿仔番茄淘汰，淪落到山野荒郊。植物學家稱之「野化」，路徑與日治時期引進暗紫百香果被「野化」一樣，從此在台灣田野鄉間自生自滅。

基本上，一顆牛番茄，大約等於八十顆這種直徑約一・二公分的野番茄（比葡萄還小）。但是，野番茄滋味頗佳，果皮極薄，微酸輕甜。我梳理番茄架上的雜枝，仔細觀察，發現它整株枝葉布滿了細毛，連尚未成熟的果實也是毛茸茸的。隨著成熟度的增加，果實上的細毛便會萎縮，甚至消失，果皮變得光滑無暇。

近年跟一些喬木、灌木有書寫的接觸，它們的樹形姿態、葉相形體，千變萬化，像是萬花筒多采多姿。我對周圍植物的觀察也變得敏感，或是說感性吧，開始有了比擬：說說它們是任性的薄荷、邪惡的無根藤、內疚的垂葉榕、颯爽的烏臼、委屈的山蘇、驕傲的木瓜、俏皮的錫葉藤……進而，體會「植物教導我們的事」。

整株的細細絨毛，橫向思考《道德經》哲理——

觀察野番茄的功課，我自問「為什麼」它們整株布滿細短柔毛和腺毛？如同秋葵、毛豆莢等一樣。

一旦「質疑」萌生，我想要探索答案的念頭也就啟動。野番茄的莖，屬於蔓性，無法自行挺立，常常蔓爬匍匐在地，因為「畏懼雨水之苦」，所以衍生出這些可以不讓水珠附著的細毛，避免浸水而潰爛。野番茄用「自然而然」法則與萬事和諧運行，它「聰明地」長出絨毛避開「水害與蟲害」，進而享受「水潤之利」。

在理所當然的世界，如果多了毀滅的元素，總會對應出另一個對策。

想到這裡，我為自己近來多次觀察植物的推理能力感到雀躍、自滿，醺然「理解後開竅」的自我感覺良好。仔細體察了幾則植物與大自然的關聯，我自樂於悟出關於「植物之義」的觀念，結果……這些「天地人」觀點，早在兩千七百多年前，道家學說已有多方面論述，老子的「道」認為這種和諧的自然狀態是最寶貴的，也是評價人間事務的最高價值標準。當老子把「道法自然」目光轉向人世時，他告訴人們的精神要保持與尊重自然的狀態。老子把這樣的自然觀察與推論，再延伸到人事關係，放大到治理國家仍然成立。近年我似懂非懂的農夫哲學，身處在寧靜包圍的田園生活，走動在繁縷處處的庭院林間，滿地是學問，我彎下腰開始學習「道」。

老子《道德經》第十八篇：「大道廢，有仁義；智慧出，有大偽；六親不和，有孝慈；國家昏亂，有忠臣。」簡單直譯：「大道廢棄了，才出現仁義；智慧出來了，才有大偽詐；六親不和，才大講孝慈。國家昏亂，才呼喚忠臣。」

有了光明，另一端就產生了陰影。有了這個，就會相對應那個。缺了那個，就會增加了這個。不是說視障的人，其他四感會更加敏銳嗎？

依據老子的話，我來延伸「六親不和，有孝慈」道理：「孝慈」本來就是天性表現，一點都不特別，不會引人注意，也不值得嚷嚷。然而只有在六親不和睦之際，才比較得出誰孝順，誰慈愛。其餘的五項道德「仁義智慧忠」也是如此解釋。在此觀點，視野開啟，我漸漸懂得，少了這個就會多了那個，少了閒適就會多了焦慮，少了悲憫就會多了漠然。關於老子的「道」學問，藉此逆向思考，似乎就容易懂得他的哲理是「從何而來」，他的詮釋與演繹，又是指向何方。

常常說「我們要活在當下」，說得愈是用力的人，愈是明白自己是逃不掉「明日與昨日」纏繞負擔的人。真正雲淡風輕的人，往往緘默，安靜自在。

當事件失去平衡，才會引發相對應的現象。已經進入餘命管理的我，自我檢視「現在的生活態度」，是不是也是退休後才引發相對應的「歸園田居」模式？也是有此心境，才對「山遠近，路橫斜，青旗沽酒有人家」有了深刻共鳴？

我開始自我探索，企圖找出一些解釋，順便理理生命的最終出口究竟為何？

在香港徘徊去留，藉此孤獨管理，也去練習親密關係——

二〇二一年，朋友的兒子二十四歲，在香港的美商理財公司上班，正值「香港風起雲湧時期」，他被公司資遣了，這位年輕人決定重新回到學校，攻讀學位。生命中，意外多出來的「單純備課一年」。職場日子戛然停止了，屬於自己的時間突然多了出來，他徘徊去留：該回台灣好？繼續待在香港？我說，歷史境遇難得，如果經濟力可以，選擇繼續待在香港「旅居」。

《易經》有十二個「消息卦」，所謂「消息」並非信息（information）。息為生長，消為消退之意，說的是陰氣與陽氣進退，彼此消長，那是個變化曲線明顯的起落。當少陽必然多出了陰，陰氣弱了則陽氣必然補上。

風雲變化難測，但又暗藏脈絡，有跡可循。這裡說的是，人間事的凶吉多是「流動」的，是物極必反，也是擺盪效應。

他在二十四歲「遇見」消息卦改變中的香港，趁此，貼身觀察一座偉大城市如何站在轉捩點，它的殞落或是重生之際，會有許多難得的學習經驗，甚至機會。我建議他在此時間，「順便」去談一段感情吧！過去汲汲營營工作，生活熱情闕如，生命甘泉貧瘠。愛情，會讓他的年輕生命多了豐潤與高度。

多年隻身在香港求學與工作，忙轉得沒有積累沉澱、享受孤獨，現在，即是絕佳的《易經．大畜》時光。大畜卦說的是「當你在前進的路上遇到障礙，怎麼辦？」遇到障礙，一般來說，當然是不好的事。但在《易經》認為，障礙有兩個意思：停止與積蓄。停下來，是為了想辦法克服困難，超越障礙。障礙愈大，積蓄就得愈大。所以，《易經》把障礙看成是機遇。

我誠摯建議他：「努力備課、申請學校之餘，學會人生必修的孤獨管理，也去練習親密關係。這是他的生命階段中，令人豔羨可以學習平衡陰陽的機會，可以強大自己未來的能量，可以走得更廣更遠的能力，不要浪費！」

從《道德經》第四篇，認識一位不知如何被褒貶的人生——

二十四歲，真年輕啊！連起步都還談不上，未來他有很多時間瞻望、起飛、折翼、凝鍊、後悔、開心……找到屬於自己的平衡，然後經營自己的尊嚴與美好。

我起身邀訪一位站在青春對面的老靈魂，請他入座。

這位馮道老先生，他一生懸命於「平衡陰陽」。我說他是「自足常樂、識時務」的智者。在七十三歲時，他自述：「時開一卷，時飲一杯，食味、別聲、被色，老安於當代耶！老而自樂，何樂如之。」

馮道，字可道。名與字稱之「道、可道」，非常有意思，那是《道德經》第一篇的開門第一句：「道可道，非常道；名可名，非常名。」我們來認識這位老先生，他一生與《道德經》實踐有非常強的連結，想請教他的靈魂自由嗎？

《道德經》第四篇：「道沖而用之或不盈。淵兮似萬物之宗。挫其銳，解其紛，和其光，同其塵。湛兮似或存。吾不知誰之子，象帝之先。」我們以此篇文字，當是引言背景，進而認識這位生於五代十國，血腥、混亂年代的老先生！

道沖而用之：道，空虛謙沖，卻充塞於天地，沒有極限，也用之不盡。

或不盈：道，永遠不會盈滿，也不會溢出。

淵兮似萬物之宗：道，就是深不可測的淵，也是萬物的源。

挫其銳，解其紛：守道的人，銳鋒會自挫，紛擾會自解。

和其光，同其塵：守道的人，會收斂他們的光耀，也會混同他們的塵世。

湛兮似或存：深奧卻清澈的道，明明是存在的，卻是摸不著。

吾不知誰之子，象帝之先：真不知「道」是誰生出來的！應該在萬物之先吧。

【我與馮道在喝茶之間，話五代十國】

王浩一：可道先生，現代人比較不認識你。應該是千年來儒家思想刻意「忽視」你的結果，然而你在終老時，也說過：「我自己也不知道將來會是理解我的人多，還是怪罪我的人多啊！」能否先說說你的時代背景？

馮道：哈哈，你所說的「忽視」是客氣用語。大宋的士大夫評論我是「騎牆派」，謗罵我：「如要行善，為何不做一個普通百姓，何苦委曲求全，在助紂為虐中求生呢？說到底，還是貪戀權位、苟全富貴罷了。有何值得特別敬重！」哈哈。

對於那些指控，我無須辯駁，想想都已經過了千年，現在說已經是多餘了。我出生在凋零沒落、民不聊生的晚唐。「五代十國」從九〇七年大唐滅亡，到九六〇年大宋建國之間，約莫半世紀的歲月。這前後五十三年絕望的吶喊，那是愛與恨、刀與火的血腥時代。我出生其間，沒有選擇。

我生於唐僖宗中和二年（八八二），卒於後周顯德元年（九五四），享壽七十三歲。中和二年，離大唐滅國，還有二十五年的時間。那二十五年，即是晚唐藩鎮割據時期，完全是無政府狀態。換句話說大唐滅國、後梁建國時，我剛好二十五歲，已經上班好幾年了。我死於後周顯德元年，距趙匡胤黃袍加身，大宋建國，還差了六年。我擠身在兩個大朝代之間的亂世，這就是宿命！

喔，補充一點，我所出生的「唐僖宗」中和二年。那位十二歲登基的「唐僖宗」，我出生時他已經在位十年，然而他在位期間國政都交給宦官田令孜掌握，自己則肆無忌憚地游藝玩耍。當時國家災害連年，人民生活困苦，官員盤剝沉重。事實上，我出生前七年已經爆發黃巢之亂，兵禍綿延，連唐僖宗都逃離長安城長達八年，皇宮被縱火燒焚者大半，「宮闕蕭條，鞠為茂草」。

謝謝可道先生如此清楚地說明，讓我看見五代十國時代背景的清晰輪廓。請先喝茶，你眼前的「庵茶」是我研究大唐文化時學得的一種飲茶法，你試試看我的手藝，味道可以嗎？

你的茶碗，非常韻雅好看，微微青綠色，碗身輕薄，很像我們當時的青瓷。有一位酷愛飲茶的詩人皮日休，他稱茶碗為茶甌，也稱呼這個青綠光華，具有珪璧玉姿的釉燒為「煙嵐色」！

煙嵐色，真是美麗詩意的形容。哈哈，經你這麼一說，感覺這個茶碗可以傳家了，謝謝美言。可道先生，可以請你進一步介紹「五代十國」究竟怎麼回事？

天下分久必合，合久必分。大唐瓦解之後，粗略地說，在北方，分別有五個強權朝代更迭：後梁、後唐、後晉、後漢、後周。在南方，則前後或是同時成立了九個大小朝廷，加上後來在西北方的北漢，共有十個國家。

我出生在河北瀛州的景城縣農村，所以一輩子在北方當官，與南方十國無關。

如果細數你所當官的朝代，先在大唐時期盧龍節度使劉守光麾下擔任參軍，之後改任河東節度使掌書記。這兩次紀錄算是地方軍閥幕僚。大唐滅國後的五代時期，你的資歷有後唐、

後晉、遼國、後漢、後周。前後歷事五朝、八姓（八個家族）、十一帝，「累朝不離將相、三公、三師之位」，前後為官四十多年，真是驚人，大家都說你是政壇的「不倒翁」。

「不倒翁」是綽號，那是大家以比喻的方式，在名字之外取個渾號。有人批評我在五朝共四十餘年，國難民憂，卻毫不在意。身處沉浮濁世，八面玲瓏，所以給了這個有貶義的綽號。我自己倒是自稱「長樂老」，展現著我的生活哲學，不必在意那個帶有戲謔和諷刺色彩的渾稱。

《道德經》不是說，守道的人會「挫其銳，解其紛，和其光，同其塵」？這就是我立身亂世的選擇與準則。

上善若水，不爭，所以沒有什麼怨尤——

好，我改個稱呼，長樂老！名子與字「道可道」，你應該是《道德經》信徒，甚至是實踐者、

詮釋者？所以，想請教幾個我好奇的大小事，你來解讀，可以嗎？

行！我來試試，這個主意新鮮，看看能否同時梳理我的生命觀。

有一次，一個將士為了討好你，把一位在兵荒馬亂中搶來的美女送給了你。你見色不亂，將此美女先安置到別的房間裡，慢慢訪求她的主人，將她送還。見色不亂，我能理解，但是政事忙碌之餘幫她尋回舊主，你的想法是什麼？

我晚年時，曾於心無愧地宣稱：「在孝於家，在忠於國，日無小道之言，門無小義之貨。所願者，下不欺於地，中不欺於人，上不欺於天，以三不欺為素。」我說一輩子在家是個孝子，在國是個忠臣，從不說人閒話，也不占小便宜。我一生的願望，就是上不愧天，下不愧地，也無愧每個人。

《道德經》第八篇，說的是「上善若水」，好的德行就像是水的特質一般，沒有固定形狀，當它裝入什麼容器，就呈現同等樣態。江河都是從小溪開始，湖海則能收納百川。浩瀚的水域，愈深沉則愈平靜無浪、波瀾不興。「上善」同樣顯現了如同水的雍容大度，包含深廣。我一輩子的修練，正是「努力走在這個上善的路徑上」。

人們在修練過程，要先有念頭：「水善利萬物而不爭，處眾人之所惡，故幾於道。」這句話的意思是：水善於利益萬物，而自己卻不爭私利，處在眾人嫌惡的低下環境也能自得，這樣的修養可說是近於得道了。

「居善地，心善淵，與善仁，言善信，正善治，事善能，動善時」，把任何地方都當做是好地方居處，心永遠像深淵一樣能容物，對待任何人都有同理心，不論對誰說話都能守信，為政不管難易都要能良好治理，做任何事都能處理妥善，任何時間行動都能控制得宜。

你既然都問了，請你想像，當時那位女子會是如何驚慌？我安撫她也向她承諾，我不是要當好人，但是她的事，我只要花點時間應該可以有好結局的。這僅是一件小事，咦，你怎麼問這麼細末？

年輕時在平地摔馬，養成了處處謹慎的習慣——

哈哈，常樂老你不要急，慢慢來，我從幾個小事循序請教。常樂老你年輕時，出任河東掌書記，有一次你去義武軍的首府中山城出公差，找義武軍節度使王處直商辦一些事。回來時，摔下馬，受了傷。能說說這件事？

嗯，當年三十一歲。整段路程不算短，騎馬花了幾天光陰。當我行走在山路艱險的井陘口，騎馬慢行，小心翼翼，結果沒事。但是經過了這個天險之後，眼前是千里平川，我開始縱馬狂奔，結果馬失前蹄，摔傷了，傷勢還滿慘的。

自此你體驗出，不管是危地或是平地，都得時時謹慎、處處謹慎？

《淮南子・原道訓》有一段話：「善游者溺，善騎者墮，各以其所好，反自為禍。」人往往在自己最擅長的領域，過於驕傲自信，栽在陰溝裡。那些淹死的，往往是自以為水性很好的人；那些從馬上摔落下來的，往往是自認馬術嫻熟的人。當一個人自信心破表，藝高，人就膽大了，那就是災禍近身之際。

《道德經》六十四篇說到：「慎終如始，則無敗事。」當一個國家已經處於太平的狀態，應該思考怎麼長久地保持這種狀態。治國，既有戡亂，也有治平。老子認為，治平比戡亂更難。「戡亂」就像我在艱辛地走在山路，因為步步為營，所以沒事。「治平」像是我放馬狂奔於平地，忽視一些危險的徵兆，最後跌得人仰馬翻。生於憂患死於安樂，就是如此。

這一篇也說了：「其脆易泮，其微易散。」其脆易泮，事物處在萌芽狀態，其結構是脆弱的，是不牢固的。然而在這樣的階段，來消除它們，就會很容易。泮，分解消融的意思。

還有一句關鍵：「為之於未有，治之於未亂。」為之於未有，不能等出現了妖異之物，才去想辦法應對，而是應該在天下安定的時候，保持天下不失常，那樣就不會出現妖異之物。

年輕時騎快馬摔斷一條腿，是小事。後來擔任三公，日理萬機，國事不容有任何差池，這是當年我理得的教訓與啟發。

丁憂之際，一身粗葛，舉著鋤頭自己下田——

後唐建國後，常樂老你受封翰林大學士，兼戶部侍郎。想請教當年令尊去世，回鄉守孝。守孝期間，你僅住一間茅草屋，一身粗葛，舉著鋤頭自己下田，生活清苦。還經常悄悄地為勞動力不足的人家耕地，所得朝廷俸祿尚有剩餘，全部拿來救濟受災的鄉鄰。請問所為何來？

四十二歲時，因為丁憂回到故鄉景城，官場的潛規則千年沒有發生任何變化。景城所屬的州鎮地方官員都知道我回家了，上至盧龍軍節度使，下至瀛洲刺史、景城縣令，大家紛紛送來厚厚的「黃白物」奠儀，也有地方小官送來一斗米、一匹布，我悉數拒收。人在官場，有些錢是絕對不能碰的，這是我五十年職場的紅線，沒有妥協空間。

《道德經》第三篇有云：「不見可欲，使民心不亂。是以聖人之治，虛其心、實其腹、弱其志、強其骨。常使民無知無欲，使夫知者不敢為也。為無為，則無不治。」意思是：為政者不要現出引起貪欲的事物，要使人民的心不迷亂。聖人的治理原則是，排空百姓的心機，填飽百姓的肚腹，減弱百姓的競爭意圖，增強百姓的筋骨體魄。守著恆常之道，使人民不執著、不貪欲，也使自作聰明的人不敢妄為造事。聖人以「無為」的原則，辦事順其自然，就能達到無不治的目的。

明白，受教了。當你丁憂三年之際，遠在北方的契丹耶律阿保機，曾經派遣一支部隊越過長城，準備擄走你北歸，綁架你到契丹為他們工作。這件事你知道嗎？

哈哈，這件事後來聽說了，朝廷當時百官都傳得沸沸揚揚。幸虧當時幽州節度使李存賢，謹慎機警，戍守邊疆固若金湯，耶律阿保機的密謀才無法得逞。好險！

那兩年在契丹，一個屈辱又危險的尷尬宰相——

這段，我們來談談後晉的開國皇帝石敬瑭。常樂老，請問這是否是你從政多年來最尷尬的時刻?委身在自稱「兒皇帝」，頗具羞恥性的人物，甚至臭名昭彰的石敬瑭。你怎麼看待這一段往事?你怎麼體現自己的價值?

石敬瑭為了扳倒「後唐」，引進契丹兵力建立「後晉」。代價是他認比他小十歲的契丹大遼國君耶律德光為爹，並把燕雲十六州割讓給契丹。這兩件事足以讓他成為「歷史百大人渣」排行榜。如果我僅僅是「翻閱歷史」的局外人，是可以正氣凜然指責他。

但是，我是身處在那個兵荒馬亂、人道淪落、道德敗壞、人人苟且的時代。我無力對抗野蠻，僅能自忖「如何災難管控?」如何在力所能及之內，做到最好?我承認：每個人都有權懦弱，甚至遠離朝廷，不聞不看不聽世局的齷齪之事。但若拿懦弱當氣節炫耀，就是得便宜賣乖了。我已經在廚房了，不能嫌廚房熱。我必須走入地獄，盡全力降低百姓的苦難。

「後晉」以這般不堪的條件建國，那是治理的危機，民族百姓的危機，時代一下子跨入了一個陰暗的房間，漆黑一片，不見五指，百姓與朝廷百官都摸索著，不知出口在哪裡。

建國事定後，後晉需要派一名重臣為禮儀使，到契丹為契丹主耶律德光和蕭太后上尊號。石敬瑭心中的理想使者名單是你，但考慮此行可能有去無回，難以啟齒，於是要你們幾位宰相一起商議。你可以說說這件事？

嗯，我與幾名同僚正商議政務中，聽到房外有人哭得傷心，原來是手捧詔書的小吏到了中書省門外，傳令要我們幾位之中有人去契丹一行，他百感交集不禁在門外大哭了起來。我們聞聲大驚，最終也明白了這位小吏自覺這是國家屈辱的任務，幾名大臣也嚇得面無人色，鴉雀無聲，惟恐這樁既危險又屈辱的差事落到自己頭上。

我曉得大家心思，不多話，沉默一點小時間，走到書桌旁。靜靜寫下兩個字：「道去！」大夥看到這兩字，感到解脫，卻立刻也替我難過，有人甚至落淚滿面，整個中書省悲淒一片。我先把氣定一定，讓書吏草擬出使敕令。我當時讓人代我傳遞訊息，向妻子告別。當晚，我直接住進驛館中，準備出使。

風蕭蕭兮易水寒，長樂老。你可以接著說說出使契丹這件事？

約是一個月路途，我從首都開封出發。以禮儀使的身分到了契丹，耶律德光開心極了，興奮地想要親自相迎，後來有人勸說「國君不應迎宰相」才做罷。

之後，我便被契丹主留下來，在大遼為官。契丹族有一習俗，君主最尊貴的賞賜是象牙笏，或是在獵日賜牛頭。這兩樣「盛情大寶」我前後都獲得了，而且吟詩「牛頭偏得賜，象笏更容持」輸誠。耶律德光聽聞此詩後大為高興，暗示要我長期留在契丹為官。我順勢回說：「南朝為子，北朝為父，我在兩朝做官，沒有什麼分別。」耶律德光喜歡這句馬屁話，樂得賞賜更多。

不入虎穴焉得虎子，我自甘以泥漿抹髒自己的行為，外柔內明，韜光養晦。如果能在第一時間勸阻耶律德光別做出生靈塗炭的決策，所有艱苦隱忍都值得。我以甘之如飴的心態承受大難，又必須時時麻醉耶律德光，待機謀求挽救蒼生。正也是如此，我必須收斂光芒，內化氣節，表現出長居契丹樂在其中。

隱沒內心糾葛，表現出大而化之，長樂老，接著呢？

在契丹兩年，我將獲得的賞賜都用來購買薪炭，揚言我怕北國天冷，年老不堪，需要準備多多。我擺出埋鍋造飯架勢，一副準備長期定居的姿態，透露一些信息給耶律德光。他本來惟恐留不住我，見到我這般作為，不僅不再懷疑我的忠誠度，反而思量兒皇帝石敬瑭更需要忠誠又有名望的大臣輔佐，便要求我南返後晉。

我再三上表推辭，表稱自己眷戀契丹國，不忍離去。這是以退為進的伎倆，耶律德光終於埋單，而且一再催促我快快離境。我拖拖拉拉，先在驛館住了一個月，才踏上歸途，一路停停走走，一點也不著急。途中，耶律德光派人查探後，愈加放心。我直走了兩個月，才離開了大遼國境。

最後同行的僕役忍不住了，問道：「我們能逃出虎口，理當快速前進，恨不得身生雙翅，你卻走走停停，這是為何？」當時我笑著說：「急有用？我們走快了，契丹主用快馬一天就可以把我們追回去，我們走得慢，他們反而無法察覺我們的心思，這般才能安全返回。」

哈哈，精采精采，表面波瀾不驚，水下暗潮洶湧。你這兩年「出使契丹」堪稱智勇雙全，

如果以《道德經》說明，你有什麼想法？

我自覺非聰明之人，但我知道一些智慧之人，一般都會採取「抱愚守拙」的方法來保護自己。在契丹非常之地，必須拋棄聰明機巧，守樸，才能保護好自己，才能從容生存。至於在官場的工作能量或是付出，卻要加倍，「保持自己是個有用的籌碼，不能太強，也不能太弱，要剛剛好」。陰陽必須是兼具的，進退間的分寸拿捏，我總隨時平衡，盡量表現出「剛剛好的能力」。

《道德經》二十四篇說：「企者不立；跨者不行；自見者不明；自是者不彰；自伐者無功；自矜者不長。」

「企者不立，跨者不行」，踮起腳尖的人難以久立，跨大腳步走路的人難以遠行。我出使契丹，非我所願。過去的職場經歷，或是在契丹國所做所為，早已預料後代史家，會以忠君觀念，對我歷事各朝非常不齒。我可以想像會有什麼負面評價，但是身處非常動盪時代，百姓最是不堪。我選擇捨棄「儒家名節」，走入人少的路徑，抹黑自己，不畏爭議。

「自見者不明；自是者不彰；自伐者無功；自矜者不長」，說得是總是凸顯自我的人，其實缺乏智慧；自以為是的人，反而不能彰顯優勢；自我誇耀的人，徒勞無功，最終不能建功立業；自高自大的人，不能為首，就算成功也不會長久。

道家主張逍遙自性，其所做所為，不是一味地炫耀自己，彰顯不同，而是要修行一種人格氣質與行為方式，那就是「為人處世，我們必須學會收斂自己」，要懂得審時度勢，甘心明珠暗藏。我是不向時代辯解的，後世對我的嘲笑，就讓它如同月色盈虧吧，個人觀看各自的風景。

後晉立國十二年。學得知其雄，守其雌，為天下谿——

長樂老，聽你說得曠達，但是語彙的背後，聽得出「你仍還是在意」。當你南歸後晉不久，石敬瑭憂鬱成疾，病逝開封，享年五十一歲。想繼續請教你第二次在契丹為官的故事。石敬瑭的接班人是姪兒石重貴，不久反遼亡國。後晉朝廷才十二年的國祚，而你又被虜往契丹，請問發生何事？

姪兒石重貴因為在戰場上立有戰功，獲得石敬瑭的賞識。石敬瑭兩位兒子都死於國內叛亂，無後，最終傳位給他。他即位不久，我不受歡迎，被貶出朝廷，出鎮同州，隱晦為官。

但石重貴僅是一勇之夫，根本無法在國家面對困境下應付各種政治問題。石重貴登基後，決定漸漸脫離對契丹的依附，契丹對此當然不能坐視不管。兩國交戰四年的期間，互有勝負，最終石重貴被迫投降，全家被俘虜到契丹。我也同時被俘虜到耶律德光面前。

《道德經》二十八篇說：「知其雄，守其雌，為天下谿。」深知雄強的必要，也有足以稱雄的實力，卻安守著柔和的狀態，不露鋒芒。這個道理是說，如果為君，就會招徠天下賢能之士的歸附。如果為臣，則有君臣上下的協同，得有潛力無窮的狀態，拯救百姓於水深火熱之中。

石重貴不懂其中道理，以為自己的拳頭很硬，所以亡國。我自明只能「繼續裝笨，以暗渡陳倉方式」為蒼生盡力而為。當時我來到耶律德光面前，他問：「你為什麼來朝見我？」我裝得唯唯諾諾：「我沒有地盤，沒有兵馬，怎敢不來。」

耶律德光取笑我：「爾是何等老子？」你算是哪類老頭？我回答說：「無才無德痴頑老子。」我就是一個無才無德的傻老頭子。我的自嘲與坦白，大概讓耶律德光覺得有趣，而且無害，於是下旨封我為太傅，位列三師。

耶律德光又問我：「天下百姓如何救得？」我淡淡地說：「現在就是佛祖再世也救不了，只有你皇帝救得。」我暗中把這個彪悍殘忍的主子捧到高於佛祖的地位，為的是勸他少殺點中原漢人。

那些皇帝有野心，但都不長壽，歷史成了跑馬燈——

長樂老，你重新在契丹大遼上班了，但是又如何轉到「後漢」工作？這段歷史我不太懂。

耶律德光準備從中原北歸，卻得高熱疾病死了。他在位二十年，享年四十六歲。在此同時，永康王耶律阮接掌兵馬，返回契丹爭奪皇位。他們急急趕回北國，我與同僚則被丟包在鎮州。四個月後，新建國的「後漢」收復了鎮州。我們「後晉」舊臣奉命就地安撫慌亂的百姓。不久，我們被劉知遠延攬入「後漢」朝廷。而我則被授為太師，就是國政顧問，以「奉朝請」的名義參加朝會。

不到一年，五十四歲的後漢開國皇帝劉知遠病逝，由十八歲太子劉承祐繼位。他個性猜忌，當時朝廷權臣相鬥，遠處有三處節度使反叛，於是劉承祐拜郭威為樞密使，前往討叛。

臨行前，郭威找我問策，我的建議之一是：「河中節度使李守貞自恃朝廷老將，深得士卒之心。你不要愛惜財物，多賞賜士卒，便能化解他所倚仗的優勢。」郭威順利平定叛亂，但功高震主，端坐朝廷的劉承祐心生猜忌，開始殺戮大臣，甚至斬殺了郭威一家。

悲憤的郭威怒而起兵，捲旗南下為家人報仇。郭威大軍兵強馬壯，劉承祐怎麼可能與之抗衡？劉承祐逃出開封城，被部下誅殺。郭威率軍進入汴京城，他自忖後漢群臣一定會擁戴自己即位。

返京後，意氣風發的郭威見到我時，如往常一樣向我下拜敬禮，而我卻依舊安然受禮，毫無擁戴之意。聰明的郭威，立刻知道還不到稱帝的時機，他還需要一些政治手續與表演要完成，於是以退為進，做了一些政治布局。一個早晨，郭威的部下軍士翻牆進入營中，扯下竿上的黃旗披在他身上，大呼萬歲。

這一幕「黃旗加身，創立後周王朝」戲碼，當時一位年僅二十四歲的小軍官趙匡胤看到了。後話是，十年後，他也如法炮製「黃袍加身」，建立了大宋王朝。

黃旗加身不久，李太后將玉璽交給郭威，後漢不到四年就滅國了。郭威則在崇元殿登基，改年號廣順，「後周」正式建國。我被授與太師、中書令，就是宰相一職，當年我已經七十歲。

郭威是我認證五代歷史中最有為的皇帝，他廢除了後漢留下的苛政和酷刑，極力推動恢復農業生產，使得當時的編戶增加了三萬多。郭威謙遜地重用很多文臣，他廣招人才、勵精圖治。可惜，在位僅三年便去世，享年五十一歲。他的去世，是我的仕途最大的遺憾，因為他確實有實力可以統一天下，造福百姓。唉呀，可惜天不假年。

新皇帝登基了，我決定退朝退休，準備終老——

長樂老，又有新老闆上任了。有能力的人要有大作為，保持身體健康也是關鍵。之後怎麼了？

後周繼任者是養子郭榮，本名柴榮。他有強烈的企圖心，此時朝政風氣當然又是不同。但我決定退朝，準備終老。

新帝登基之際，北漢劉崇趁機入寇，攻打上黨。新帝柴榮打算御駕親征，我極力進諫勸阻。他說：「昔日唐太宗平定天下，都是親自出征。」我頂嘴道：「陛下不能和唐太宗相比。」柴榮又道：「漢軍乃是烏合之眾，若遇我軍，如泰山壓卵。」我得理不饒人仍道：「陛下不是泰山。」

這些話「不好聽」，當然，我被下放了，哈哈，如我所願。

長樂老，哇，你很敢啊！不像你過去的溫文儒雅風格。可以多說一些你為何如此「頂撞」，因為他年輕不更事？菜鳥資歷？還是他能力差但口氣太大？

柴榮不算年輕，登基時已經三十四歲，能力差？不算是，他理想性高，雖然有些好高騖遠，也有新官上任三把火的熱情。重點是我自己，因為郭威去世時，我悟懂了孔子所言「七十而從心所欲，不逾矩」，深刻認知「不逾矩」所說的「生命的自在與侷限」。加上體現了老子「無為」的升級思維，百姓蒼生自有其後福，放手吧。五十年的官場生涯夠了，也累了，我想休息了。所剩不多的晚年，讓自己從心所欲吧，歲月有限，也讓自己任性一下。所以，我「忤逆」起頭，退休收場，求仁得仁，終於無官無事一身輕。

離開朝廷中樞，我終於可以說：「時開一卷，時飲一杯，食味、別聲、被色，老安於當代耶！老而自樂，何樂如之。」這是我長樂老的澹泊時光。談不上「邦有道，則仕；邦無道，則可卷而懷之」，所謂《道德經》的「無為」哲學，並非消極避世，而是「道常無為而無不為」。《道德經》第四十篇說：「天下萬物生於有，有生於無。」

晚年回顧，馮道力行「社稷為重，君為輕」——

長樂老，這段五代往事如同走馬燈，令人目不暇給。我知道，你被下放為郭威陵寢的山陵使。你與柴榮這一段言論，算是你人生最後一場高潮，精采無比。離開政治舞台，你選擇轟轟烈烈的姿態，令人難忘。

幾個月後，你病倒了，在臨終前，你提出死後選擇一塊無用之地埋葬即可，不要像別人那樣嘴裡含珠玉下葬，也不穿豪華的壽衣，用普通的粗蓆安葬就行。你可以說說「死而無憾」的回顧與生之哲學？

從唐末到五代十國長期戰亂，有人口統計從四百九十餘萬戶，銳減到北宋初年的三百餘萬戶，死亡近五分之二，這是令人哀傷的時代。

歐陽脩評論我是五代道德淪喪的表徵、無廉恥者。司馬光也說，在大義缺如之下，即使做了一些好事，也等於沒做。我再強調一次，血腥時代，身正不怕影子斜。

明朝李贄，他是一位思想家、史學家、文學家。他對我也有評價：「馮道自謂長樂老子，蓋真長樂老子也。孟子說：『社稷為重，君為輕。』馮道對這句話最瞭解了。」我可以說，他算是少數懂我的文人。

李贄也說「社稷者」要安民、養民，「民得安養」就是君臣的終極責任。如果一國之君無心安養斯民，則由臣子努力在政策上安養斯民，他說我馮道做到這一點。如何盡量使得百姓免於鋒鏑之苦，就是我的天命，也是一生的職志。

的確，這就是我存在的價值，沒有亮麗的政績，經歷了五個朝代，立於暴君驕將之間，日與虎兕為伍，侍候了十個皇帝，歷任各朝宰相太師太傅，位列三公，位極人臣。自覺「我是那些殘暴君主的剎車皮」，能做的不多，盡量巧妙地降低生靈塗炭的次數與深度。我的一生成就，如此而已。

《道德經》之外，如果以詩人的身分，你怎麼看待最後的一切？

萬物都是從無中化生出來的，它是道的客觀外在表現，但是化生萬物的「有」，卻是從道的內在運化中來。最終，我回到「新的無」，也是「新的有」。

過去，我在朝廷崗位堅持下去，並不是真的堅強或戀棧，而是沒有選擇。時間不再年輕，衰老已經站在對面，孤寒成了唯一的體溫。過去曾經俯瞰茫茫塵世，現在則是下坡後的來時路，必然的荒煙衰草。如果，還有偶爾的輕風片刻，就讓自己活得像雲般自由，成就終老時的解脫與瀟灑。

晚年我有一首詩〈天道〉，冬盡春來，冰雪會融解化為春水，同時草綠自然掩蓋一切。道理簡單，生命順其自然一切更迭，周而復始，那是我的人生觀：

窮達皆由命，何勞發嘆聲。
但知行好事，莫要問前程。
冬去冰須泮，春來草自生。
請君觀此理，天道甚分明。

【我的後記：「我執」，就算你不打破幻相，生命也會替你打破】

傑．謝帝（Jay Shetty）著作《僧人心態》（*Think Like A Monk: Train Your Mind for Peace and Purpose Every day*），副標題為「從道場到職場，訓練你的心，過著平靜而有目標的每一天」。作者「從商學院高材生變成僧人，為傳遞所學而還俗」，有意思的歷程引發世人注目。當年他在英國倫敦卡斯商學院就讀，有一天遇見一位印度孟買僧人學生，他深深被吸引，甚至選擇跟隨出家為僧。傑．謝帝說：「那位僧人散發的智慧、自信、平和與快樂，我從未在任何一個人身上感受過。」

這本書，是作者在他僧人生活中學到的永恆智慧，文字中他分享著所學到的「僧人心態」，述說人生有得有失。其中有「失利失勢時」……提醒你留心一手打造出的高高在上神話，也只能維持一段時間；就算你不打破幻相，生命也會替你打破。

馮道失勢幾次，亂世中卻又「宰相職缺，屢屢來敲門」，為何？到頭來，我們發現他清楚

「我執與自尊」的差別，在職場上「他不會證明自己，反而想成為自己」，永遠保持穩穩不動心的「自我察覺」，那是一種謙卑與自我價值交織而成的特質。我說他的晚年，自稱書一卷、酒一杯，那是真的「舒服」，毫不委屈。

我執：懼怕別人會怎麼說；自尊：過濾別人的說法。

我執：想要別人尊敬自己；自尊：自重重人。

我執：想證明自己；自尊：想做自己。

我執：與別人比較；自尊：與自己比較。

我執：想在歷史上留名；自尊：萬古長空，一朝風月。

第七篇 守住最後一盞燈

光影流轉，當生命墜落在失智漩渦之中——

朋友看完由安東尼・霍普金斯（Anthony Hopkins）所主演的電影《父親》（*The Father*），覺得百感交集、蕩氣迴腸，在 LINE 群組上說：「這是一部驚悚片！」他的意思我懂。關於知覺障礙、失智失能的老爸或老媽，他們在「家人毫無察覺下」，靜靜地走上這條沒有盡頭的幽暗隧道。對於當事人或是家人們，從一路上的無覺、不解、困惑、摸索，轉化到開始怨懟、發怒、猜忌、對立，最後進入悲傷、喪氣、恐懼、絕望等等情緒，《父親》電影裡每一個生活環節，最初讓人困惑，直到驚心動魄。

「驚悚」之說，無非當事人以「觀察失智者的生活崩毀」的感觸，那是無能為力的心境，那是比死亡更駭人的毫無意義的生活。看著一個迷走的靈魂，一路走入「不想被拋棄的恐懼」，那就是驚悚！

安東尼・霍普金斯所飾演的父親角色，則是導演新的嘗試，情節以第一人稱的視角敘述，主角以罹患者「沒有病識感」，不知「這條路上，我正走著」，到最終，高齡者的智慧與尊嚴殘酷地層層剝落。

《父親》故事從猜疑開始，他聲稱最近來的看護偷了他的手錶，並聲明自己不需要任何人的看顧，直到許多「虛實交錯的事件」，那是恣意浮現的錯亂記憶，令觀眾恍然大悟，卻也心疼，明白著即使堆砌再高的「逞強」，「知覺障礙症」依然將人的自尊扯得殘破不堪。

我不是要討論這部電影的得獎成就，而是故事末了前，已經似懂非懂「自己不正常了」的安東尼・霍普金斯，最內在的懷疑，他臆測著「大家責怪我，到底還要活多久來折騰家人？」

時間，沒有善惡，它如同照進屋內長長的光影，一切覺察，都留給生活裡的感動與悸動。然而失智失序後，歲月已經不是愈陳愈香，它挽留不了記憶的消逝。過去的生命，似乎如同沙灘上的紋理，在陣陣海風拂過下，紊亂且破碎成了必然。

沒有老伴、子女，離世時，身邊只有一本翻開的歌德詩集——

網路一篇文章，標題是「德國最古老書店關門！白髮奶奶孤守七十七年：我一生從未得到過愛情，卻擁有了全世界」。

在德國一個寧靜小鎮薩爾茨韋德爾（Salzwedel），有位書店守護者海爾嘉．維赫（Helga Weyhe），在二〇二二年一月四日的寒冬，住在書店樓上的她，壽終正寢，享壽九十八歲。這家書店創立於一八四〇年，換算成我們熟悉的計算方式——道光二十年。一八七〇年維赫的祖父買下書店，後來維赫就出生在樓上。那是他們的住家，從此她的人生就與書店共存共生。

維赫回憶童年時光，她說：「陽光照了進來，書店裡古老燙金書脊在書架上閃閃發亮，剛被擦拭的木地板散發幽香，店裡的客人闃然無聲，只有偶爾傳來的書頁翻動聲響。」她也說：「我一生有很多夢想，但全部與書有關。」二十歲時的夢想，則是「讀盡世上書，浪跡人間事」。

父親死後第二天，二十一歲的她成了第三代守書人。二次大戰時，她挺過納粹政權。戰爭期間，許多難民流亡在外，維赫的書店成了一盞孤燈，書架上藏有禁書，是愛書人與難民孩子們的精神糧食。在她的書店，書籍成了孤獨者的戰壕，甚至是孤獨者的教堂。

蘇聯解體前，六十歲時她去了趟紐約曼哈頓，循著地址找訪她的叔叔，卻發現叔叔早在十年前就去世了。整個下午，她靜坐在叔叔故居門口階梯上，等待夕陽西下，想看一眼叔叔見過的夜景。她回憶說：「我明白，總有一天我也會離去。」回到書店，她訂做了一個門牌「列克星敦大道（Lexington Ave.）七九四號」，那是叔叔故居的地址，也是她過去一直夢想前往的地方，更是她一生唯一的遠行。

她把賺得的錢，用在空調、隔音、書籍。在安靜無擾的書店裡，她說：「我給客人最寶貴的東西，不是好書，而是閱讀的時間。」書架上不跟隨暢銷書排行榜，書本都是維赫自己精挑細選，「店裡的每本書我都讀過，因為我必須知道自己在賣什麼，自己都看不下去的書又要怎麼賣給別人呢？」店裡同一本書不超過四本，多出來的書店空間，「給客人去對望、感應、偶遇」。

「我一生從未擁有過愛情，但書本讓我遍歷過無數種人生。」九十五歲那一年，她獲得德國終生成就獎。有人問她何時退休？「我還有很多書沒來得及看呢，這事不著急。」「可能今天，可能明天，可能還有一段時間。」

二〇二〇年疫情嚴重，書店乏人問津。她從詩集裡節錄一些句子，錯錯落落張貼在櫥窗上，提供給不敢進店的路人閱讀。年底，有記者採訪了九十七歲的她，「今年真的挺難的，但是二〇二一年一切都會好起來的，我準備了很多好書，我們不見不散。」

八十七歲的津端英子「如何面對從兩個人到一個人的生活？」——

我從臉書知道津端英子去世了。非常喜歡這位老婆婆，內心隱隱不捨。

認識她是因為紀錄片《積存時間的生活》（ときをためる暮らし），內容說著她與津端修一夫婦的退休生活。紀錄片中的津端修一是位曾帶領日本戰後團塊公宅開發的首席建築師，而

津端英子則是百年酒造名家的掌上明珠。故事說著兩人結褵一生的下半場，從「我們可以從自己做起，把森林種回來」的決心，兩人挽起袖子開始種下樹苗。紀錄片拍攝時間，津端夫婦已經八、九十歲了，他們所生活的葳蕤茂盛住家庭園，成了兩人環境哲學的實踐。

「我們存的不是錢，是大自然的光陰。」

紀錄片尾聲停在二〇一五年六月，津端先生安詳去世，留下已高齡八十七歲的英子一人。她的世界「從兩個人到單身」，過去六十五年來都是以建築師先生當是恆星，她則是繞著運轉的行星。

記者訪問她後來的日子如何面對？「每天都很忙……幸好有很多事情可以忙。感覺他離開以後的五個月一晃眼就過去了。」她接著說：「我終於在前陣子把院子採收的決明子茶、酸橙、栗子、梅子乾等東西裝箱，寄給關照過孩子的爸的人表達謝意，完成這事後，才鬆了一口氣。」

津端修一婚後不曾自己泡茶、剝水果皮，生活瑣事都是英子打理。她年輕時想過「如果自己一個人生活，應該會很輕鬆……」，到了六十多歲，想法變成「就算孩子的爸發生什麼事，我也有辦法一個人過生活。」

等到津端修一去世，她說：「結果判斷錯誤，一個人生活是很困難的。」時間難熬，「我不怕沒事做，可是以後必須找到自己的樂趣才行。」不是寂寞，而是空虛。「做什麼事都一樣，剛開始會覺得自己一個人要怎麼活下去呢？」

七十五歲的樹木希林說：「能夠漸漸衰老而去，是最棒的死法。」——

《積存時間的生活》製作單位在津端修一去世後，依然與英子婆婆保持聯絡。有一天製作人打電話給她，問道現在一個人都在做什麼？「以前以照顧修一生活為主要的工作，現在他過世了，反而開始一直看電視。」她說著看電視的心得：「看到播出居酒屋特輯，有點想去看看。」

就這樣，製作人促成了《樹木希林的居酒屋》（居酒屋ばぁば）的拍攝，算是紀錄片番外篇。兩位老婆婆對談，一個是第一次走入居酒屋的英子婆婆，一個是「日本電影金像獎最優秀主演女優賞」的樹木希林。一個是到了年老依舊如此優雅、氣質柔惠，一個是霸氣搖滾、帥氣龐克的自在人生。當年《積存時間的生活》擔任旁白的是樹木希林，她特有的慢慢流淌、歲月靜好的配音氣質，引發許多人的共鳴。

如今兩位婆婆要在居酒屋裡，談人生與死亡。英子是很溫柔的婆婆，那是歷經幾十年的隱忍奉獻才得來的溫柔。樹木希林則是霸氣婆婆，那是累積數十年努力奮鬥下的霸氣。豐華圓滿的人生誰不想要？氣質婆婆與搖滾婆婆，她倆都給了答案——「孜孜不倦，不緊不慢過生活」是兩人不同生命背景的交集。她們都活出自己的樣子，各自為綻放不同花朵姿態的自在大樹。

已經罹患乳癌多年的樹木婆婆，說她會隨時做好死去的準備，不能迷迷糊糊的。對於死亡，她說：「能夠漸漸衰老而去，是最棒的死法。」

英子婆婆則說，她是在修一死去後才感受到「原來我嫁了一個這麼了不起的人，深刻感受到我的人生很精采」。

九十歲的英子在二〇一八年夏天就已經離世了，但是消息直到二〇一九年才對外公布。去世前，她常常對女兒說：「我不能讓你爸爸等太久。」女兒則回答她說：「他就在附近，不遠，你不用擔心。」

七十五歲的樹木希林則在英子婆婆去世兩個月後也離世了。她一直忍受著病痛的折磨，然而卻十分坦然：「病痛對人來說是很重要的傷痕，也讓人有了重新看待自己的傷痕和身體狀況的機會。」

內心世界解決餘生問題，晚年學會享受當前——

其實對於一位「正在凝視死亡的長者」，他的心情往往是「油漆漸乾的感受」，那是一種內心乾涸的無意識。

去年清明節，受邀參加朋友的春捲家宴，我坐在他父親旁，約是八十四歲的長者，明顯看到他的身體狀況江河日下，佝僂攜仗，行動遲緩，處境老邁之苦。

閒談之際，察覺著他對於近年親友陸續離世有著無限哀思，對於自己與死亡距離有著濃濃消極與悲觀情緒。晚年白居易也是這般心情，他寫了一首〈詠老贈夢得〉給同年次的劉禹錫，他說：「與君俱老矣，自問老何如？眼澀夜先臥，頭慵朝未梳……」頭髮稀疏，眼力不濟，腿腳不便，整日窩在家中，鏡子懶得照了，書也看不成了。

劉禹錫則回了〈酬樂天詠老見示〉，這首詩一反白居易詩的悲慼哀婉，表達了劉禹錫對生死問題的清醒認識和樂觀的人生態度，以及對白居易的真情關愛和勸勉，「莫道桑榆晚，為霞尚滿天」，不要說太陽照到桑榆的時候就已經是晚景了，它灑出的霞光還可以照得滿天彤紅、燦爛無比呢！這兩句詩由此成為千古傳誦的名句，千年來溫暖著許多孤寂而憂懼的年長者。

白居易七十歲時，寫下〈逸老〉詩：「去何有顧戀，住亦無憂惱。生死尚復然，其餘安足道。」這時他以達觀態度，對待生死，參破生死，去無顧戀，暫住人世亦無煩惱，真正達到了超然的境界。當內心世界解決了餘生問題，晚年的白居易學會了享受當前。

能像白居易晚年恬適、舒心的作家並不多，南宋詩人陸游是其一，我想邀請史家讚譽為「愛國詩人」的陸游，讓他說說婚變創傷、仕途跌宕、喝茶寫詩，還有養貓的人生，也說說他餘味無窮的豁達人生觀。

「看盡江湖千萬峰，不嫌雲夢芥吾胸」，把大大的雲夢水澤看成小小的芥菜籽，很多事情都不再計較了。

陸游晚年自樂是「頹放、狂放的老先生」。他曾經夜宿東林寺，「虛窗熟睡誰驚覺」，是誰把我從熟睡中驚醒？皎潔的月色？夜深的鐘聲？「野碓無人夜自舂」，原來是遠處村野傳來的水碓夜舂聲。

【我與陸游閒聊他的養生粥】

王浩一：歡迎你放翁先生，請坐請坐。知道你喜歡吃粥，特別請你嘗嘗我親手料理的鮮筍粥。這是盛夏季節，在台南關廟山上清晨採收的綠竹筍，尚未日曬過，切絲先以雞油爆香炒過。香菇則來自台中新社年輕的菇農，至於熬粥的米，是來自台南後壁的台灣越光米與鴨間稻糙有機米兩種。米水是大骨湯頭，潤滑甘腴。

陸游：好啊，我不客氣了，待我細細品食。嗯，這個筍味真是鮮甜，以雞油先爆香煸過，確實是個好想法。我也好奇香菇的醇厚口感是怎麼做到的？菇肉細嫩厚實口感似鮑魚，令人驚豔。

香菇在冬天冷長得慢，菌傘顯得厚，口感較佳，這就是所謂「冬菇」。今年冬天乾冷濕度低，菇傘表面生成裂痕，看起像花朵，我們稱之「花菇」。這一碗鮮筍粥就是使用了當季花菇，口感與味道都不差。你吃得開心，榮幸榮幸。

謝謝盛情款待，真是潤喉暖胃，味韻熠熠。我晚年時常常烹煮烏豆粥、地黃粥和枸杞粥三種養生粥。在〈薄粥〉詩中，我說：「薄粥枝梧未死身，饑腸且免轉車輪。」意思是說，我靠著食粥不但支撐年邁的身軀，也能夠免受饑餓。

我當時覺得其中的「烏豆粥」味道最好，甚至強調「紫駝之峰玄熊掌，不如飯豆羹芋魁」。有時，我也在粥中加入山藥等健脾補腎之品，「秋夜漸長饑作祟，一杯山藥進瓊糜」。

烏豆粥，可以說說食譜？

用新好大烏豆一斤，炭火鬻一日，當糜爛之際，離開爐火，當是備料。同時另外一鍋煮三升米粥，當粥熟時，下豆，也入糖一斤和勻，又入細生薑棊子四兩。粥品即成。

放翁先生，我的理解是，你的粥品筆記聽說是來自蘇門四大學士的張耒？能說說這件事嗎？

張耒，字文潛，人稱宛丘先生。宛丘曾寫過一篇〈粥記贈潘邠老〉，認為「食粥可以延年」，他對粥的好處給予極高評價。每天早上喝一大碗粥「最為飲食之良」，能「暢胃氣，生津液」。我四十多歲之後，體力漸差，開始食粥養生。

我的粥品筆記，確實是宛丘先生傳下來的。早年他曾經傳給了好友晁補之，而我的外婆是晁補之的妹妹。這樣的關係，你懂得了吧？

明白明白。但是，我補上一些現代醫學知識，讓你知道後人所說「粥食與糖尿病」的關係。粥和乾飯含水量不同，分別為半流和固體狀態，粥在胃內停留時間短，進入小腸快，小腸是食物消化吸收的主要場所，粥自然比乾飯更容易消化，血糖濃度自然更快出現高峰。糖尿病飲食調理的原則中，「要多活幾年，就要控制血糖的升高速度」，這對糖尿病的管理至關重要。可見，糖尿病患者不適合長期大量喝粥。而放翁先生，你有糖尿病史，當年如果粥食吃得少，或許你會多活幾年。

哈哈，這是理性觀點。我畢竟活了八十六歲，能多活幾年？九十幾歲？一百歲？坦白講，八十六歲已經夠了。何況我長年心中有愧，那個「婚姻背叛後的悔恨」折磨我太久太久了。我的感性觀點是「夠了，我活夠了！」這樣講，會不會顯得我自暴自棄？哈哈。

年輕時的兩大創傷：科舉遭黜、被迫離婚——

放翁先生，你所談的是對前妻唐琬的背叛，還有對她的懷念？

嗯，我去世的前一年，嘉定元年（一二〇八），八十五歲的我，最後一次到了不忍回首的沈園，那是我最後一次看到她倩影的地方，故地重遊，依然不勝噓唏。嘉定元年暮春，我知道生命快要結束了，但是我對唐琬的愛是永恆的，不會衰老的。

當時我寫了〈春遊〉思念已經逝去五十二年的唐琬：「沈家園裡花如錦，半是當年識放翁；也信美人終作土，不堪幽夢太匆匆。」沈園依舊春光斑爛，應該有半數的花朵還認識我吧！

前妻珠沉玉碎那麼多年，也該像春花化作春泥了吧，唉，幽夢匆匆令人不堪。

可以約略說說結婚、離婚這件往事的背景？

紹興十三年（一一四三），剛滿十九歲的我，到了首都臨安，準備參加紹興十四年的科舉，希望能考取進士，結果落第。

我留在臨安過年，依附於舅舅家。當年二十歲，「順便」娶了小表妹唐琬。這門婚事，其實是早年雙方家長決定的娃娃親，家父曾以一只精美的家傳鳳釵頭飾當做信物，便與舅舅唐家定了親。

表妹唐琬字蕙仙，自幼文靜靈秀，才情卓越。我倆婚後兩情相悅，兩年間二人吟詩作對，相互唱和，儷影成雙，恩愛有加。

面對下次的科舉考試，我有些荒廢。家母認為是表妹把我的前程耽誤殆盡，根本無暇顧及應試功課，要求我倆淡薄彼此兒女之情。最後家母強令我休妻，當時我太年輕，也是懦弱，無法忤逆母命，只能私下另築別院偷偷安置唐琬，這是緩兵之計，也是敷衍應對。

但是這樣的安排，還是被母親察覺，我與唐琬被迫慘然分手。這樁悲劇，結果是：紹興十六年（一一四六），已經二十二歲的我，又屈從母命改娶了溫順本分的王氏女。而表妹唐琬則由舅舅做主，也改嫁了，她的新夫君是皇家後裔的同郡士人趙士程。從此兩人孔雀東南飛，又是一場愛情悲劇，淒入肝脾。從頭到尾我都深愧於她，無法保護我倆的愛情與幸福。從此，只能忘情苦讀，不敢也害怕思念，那是極度壓抑又自責、懊悔、歉疚無比的創傷，如果一個冷不防的念頭冒出，心如刀割的傷痛，無人能言喻。

那真是令人愧疚不安的結局，接下來呢？

紹興十八年（一一四八），六月，父親陸宰去世，享壽六十一歲。家父在靖康之難後申請退休，退居鄉里專心於藏書與讀書。丁憂三年期間，我不得參加科舉，所以錯過了紹興二十年的省試。

紹興二十三年（一一五三），我已經二十九歲了，進京臨安參加鎖廳，那是現任低階官員及恩萌子弟的進士考試。主考官是兩浙轉運使陳子茂，他將我取為第一。當年宰相秦檜的孫子秦塤也參加考試，名次在我之後，秦檜大怒，欲降罪主考官陳子茂，此事搞得朝廷沸沸揚揚。我也讓秦檜嫉恨了，成了他的黑名單。

下個階段的殿試，秦檜直接指示主考官不得錄取我，硬是剔除我的試卷。無妄之災，在京城飄飄忽忽了一年，仕途不暢，於是在紹興二十五年（一一五五）返鄉。

哇，這又是一個極度創傷！真不能用「天將降大任於斯人也」來安慰你，我想只有以《易經．明夷》卦來解釋「光明殞傷」，此時唯有內明外柔，韜光養晦，才能承受大難！

你說得對！我就是這般心思返鄉的。也在一個春天晌午，三月五日，我獨自出城去踏青，城外東南四里有一處禹跡寺，先祭拜了大禹，之後漫步到隔壁的「沈園」，正是「沈家園裡花如錦」。

我隨意散步之間，在園林深處幽徑，竟然巧遇了迎面而來的唐琬與相偕賞園的夫婿。剎那間血流停止，我與唐婉猝不及防地四眼相視，在那一瞬間，我的目光凝固了。簡單禮貌地寒暄，我卻全然昏眩，一陣茫然，只知道創傷的心靈結痂傷口，重新爆裂，口乾舌燥，心跳如鼓，我只記得唐琬她那哀怨愁苦的眼神，如何勉強不讓淚水奪眶的掙扎。

當天與趙士程告別的過程，全然忘卻，只有惆悵滿懷。事後，靜坐庭園裡，我怔怔發呆，千般心事，萬般情懷，昨日情夢，今日痴怨。呆坐了好一陣，於是提筆在沈園粉牆上寫下一闕〈釵頭鳳〉，我終於說出離索之痛、懊悔之恥，和排山倒海的自責海嘯。

你可以吟出當天的〈釵頭鳳〉？

紅酥手，黃縢酒，滿城春色宮墻柳。
東風惡，歡情薄。
一懷愁緒，幾年離索。錯！錯！錯！

春如舊，人空瘦，淚痕紅浥鮫綃透。
桃花落，閒池閣。
山盟雖在，錦書難託。莫！莫！莫！

唐婉之死，陸游用五十四年的歲月悼念與自責——

真是令人傷感，這闋詞在後世非常有名，成了許多愛情悲劇的代表，雖有山盟海誓，怎奈人間惡俗。放翁先生，請接著說。

次年，紹興二十六年（一一五六），我再度離開家鄉，先前往臨安。為何前往？原因之一，是紹興二十五年十一月秦檜病死了。秦檜於南宋擔任宰相前後十八年，是一座政治大山，他把當時的一切愛國主義者，都壓得透不過氣來，甚至岳飛都慘死在他的手下。秦檜去世，朝廷的政治氛圍已經有所改變。

原因之二，我想離開家鄉傷心地，那是無可奈何的逃避。仲夏時節我得到舅舅家傳來的消息，說表妹唐琬死了。原因是次年她再去沈園賞花，看見了我在牆面所遺下的〈釵頭鳳〉筆墨，悲傷不已，也依律賦了一闋〈釵頭鳳〉：

世情薄，人情惡，雨送黃昏花易落。
曉風乾，淚痕殘。
欲箋心事，獨語斜欄。難！難！難！
人成各，今非昨，病魂常似鞦韆索。
角聲寒，夜闌珊。
怕人詢問，咽淚妝歡。瞞！瞞！瞞！

不久，唐琬鬱鬱而終。此後仕途，我輾轉江淮川蜀，從此幾十年的風雨生涯，依然無法排遣對唐琬的舊情眷戀。對於唐琬的死亡，我絕對有責任，用一輩子悲傷自責來贖罪，隱隱悲情成了我的慢性病。所以，我當年離鄉前往臨安，那是「放逐」的心靈帆船，船隻上只有孤寂與我相伴，我以五十四年的歲月航向永夜。

放翁先生，這個愁苦我們先放一旁。關於這段婚姻與愛情，如果可以重新設定，你會希望回到那個最甜蜜的時間點？選擇從此天長地久。

我想想，應該是當年新婚燕爾，十月初，天已涼，兩人四手採集菊花，曬乾花瓣後做為枕芯，再由唐琬縫製成一對花香「菊枕」。我記得菊花品種是杭白菊，枕芯其中也添加少量川芎、丹皮、白芷、決明子等，悠遠花香之中透有大地草藥香。

嗯，以杭白菊同枕共眠，應該是答案。

經你這麼一問，倒讓我思緒清晰了。其實這個枕頭花香在我三十二歲傷心離鄉之後，就模糊了，慢慢地將它遺落在記憶角落。直到我六十三歲時友人贈我菊花枕，一股熟悉花香襲來，那是歲月流逝四十年後，再度現身，也再度提醒。那麼多年了，相思之情卻如此鮮明得無法迴避，花甲年紀的我感慨萬千，菊香幽幽我卻啞啞。當天作了〈菊枕詩〉二首寄情：

採得黃花作枕囊，曲屏深幌悶幽香；
喚回四十三年夢，燈暗無人說斷腸。
少日曾題菊枕詩，囊編殘稿鎖蛛絲；
人間萬事消磨盡，只有清香似舊時。

至此，杭白菊的香氣成了你相思唐琬的密碼？有時我們會用一個物件、一段文字、一種滋味來懷念故人，你用菊香的隱逸孤芳來羈絆這段痛心的相思？六十三歲之後，我猜你應該多用菊花枕伴眠吧？除了養生作用，家人應該都不知你最深邃底層的心思吧？

哈哈，從淒然失落到單人溫存，這是我一生的祕密。我晚年有這個持續二十三個歲月的思念儀式。你真的猜著了，每天晚上我用菊花孤枕正視自己的悲傷。我接納年輕時的錯誤與傷害，多年來我「無懼」地陪伴思念之苦，以品苦當是救贖。一個人想要治癒痛苦，需要好好悲傷，然後進出其間。我白天走出來，在人間徜徉，晚上再回到那個寂靜的世界，菊花枕，乘載著我相思的情懷與苦楚。

所以你說我晚年時有糖尿病，不宜多吃粥，坦言說：「活夠了，不介意！」哈哈，聽起來有些任性。

所謂「放翁」，就是頹放、狂放的老先生——

放翁先生，你的仕途坎坷，多年來被朝廷再次起用，再度罷免。你的詩句憂國憂民，也得有「愛國詩人」的尊稱。我想請教「宦遊四十年，歸逐桑榆暖」，六十五歲你辭官返回山陰（紹興），隱居故鄉，過著簡樸、寧靜的鄉村生活。你如何看待你退休的日子？

這個可以談，但是我可以先說說「放翁」的緣由？再說說退休後？

太好了，我也非常好奇「放翁」究竟所為何來？

從多年前在四川的仕途說起吧。我從南鄭前線返回之後，得到調任通知，任成都府路安撫司參議官，這個閒差做了一年後，改任蜀州通判。由於當時的四川宣撫使虞允文向朝廷舉薦，我又轉任嘉州通判。不到兩年後，向朝廷推薦我的虞允文病逝，人去茶涼，我又調回到蜀州做通判。

這次回返四川任官，我的心態更自在，遊覽了翠圍院、白塔院、大明寺等等，也和當地的人民百姓打成一片，領略了當地的風土人情。在經歷了仕途沉沉浮浮之後，有了在天府之地終老的念頭。

在四川多年，曾經被派到榮州代理州事。這個時候，范成大從桂林調職到成都，擔任敷文閣待制、四川制置使、知成都府的職務。范成大提拔我任職參議官，我們常常以文會友，成了莫逆之交。

但是我一直不安分，主張北伐的想法沒停過。可能是我的文字在當時有不小輿論影響力，所以朝廷主和派的大臣們批評我「不拘禮法」、「燕飲頹放」。這樣的攻擊，帶給范成大不小的壓力，終於在這種持續不斷的誹謗聲中，我又一次被免去了職務。

面對主和派攻擊自己「頹放」、「狂放」的說法，我決定給自己一個新的別號——「放翁」，以退為進，乾脆大鳴大放。淳熙二年（一一七六），那時我的年紀五十二歲，自稱「翁」算是比擬了歐陽脩自稱「醉翁」。

六十五歲回歸桑榆，自稱野老，也自稱惰農——

之後十多年，幾次進出仕途，最終還是退休了，可以說說生活形態的規劃？

紹熙元年（一一八九），六十五歲。我說「宦遊四十年，歸逐桑榆暖」，辭官返回山陰（紹興），隱居故鄉。我過著簡樸、寧靜的鄉村生活，過著懶散版的「晴耕雨讀」。

所以你自稱野老，也笑稱是惰農，歡喜無事，賴在竹床聽鳩語鬧？這是怎麼回事？真令人嚮往的生活態度。

那是我的芒種時節的〈時雨〉詩句，回到鄉間，平日接觸土地，節氣與農事息息相關。我說：「時雨及芒種，四野皆插秧。家家麥飯美，處處菱歌長。老我成惰農，永日付竹床。衰髮短不櫛，愛此一雨涼。」

芒種到了，仲夏不遠，插秧農事也暫時告一段落，此時綠樹晚涼鳩語鬧，但是屋梁上，白天卻寂靜無聲，燕子遲遲歸來。我樂得清閒，讀詩寫詩正是好時光，午後小睡，野水無聲自入池。這就是我的初夏生活。

這個生活模式真好，喜歡，我也來學你幾句：「我自笑是笨樵，就愛遠聞林中的雨涼。」放翁先生除了農事，你的讀書態度為何？

首先，我粗略整修居室，並題齋名「老學庵」。其實書齋建築非常簡陋，「架竹苫茆只數椽」。特別說明，我的書齋名稱源於《說苑》裡的一句話：「師曠老而學，猶秉燭夜行。」

師曠是春秋時期的一位盲人樂師，他為了啟發年逾七旬的晉平公持續學習，曾說：「少而好學，如日出之陽；壯而好學，如日中之光；老而好學，如秉燭之明。」我以此語銘齋自勉，表示要活到老學到老，生命不息，學習不止。

筆耕不輟，書法不停，掃地也可以養生——

最後想請教你晚年的養生之道，能否先說說你認為的「第一個項目」？

第一個項目，我以為是「筆耕不輟」，堅持寫作，從不因為任何外在原因而停止。鄉間生活看似恬適，初淺嘗會有「享受無事無爭」的開心，但是時間一旦拉長，往往會有好山好水好無聊的感受。所以，你必須在閒靜之餘，有細緻入微的觀察、感受，再透過詩的文字將它描繪出來，從察覺進入思想，從感受進入靈性。如此，將鄉村的平凡生活，或是書齋的閒情逸趣轉化為「樂在生活」。

善於抓住生活中一些微不足道、不經意的小事，也能欣然樂在其中，我想，這就是成就我精神豐富的原因吧。

所以，我可以自豪「六十年間萬首詩」，尤其蟄居家鄉之後，得有詩六千五百首以上。數量之所以較多，真的是寫得多，另外也不多淘汰的緣故，不再執著文字的卓越，僅是以詩文自娛罷了。

晚年我與農民接觸較多，不再理會過去宦海沉浮、飽經憂患。隨著年事漸高，生活裡多了清曠淡遠的田園，文字偶有蒼涼的人生抒懷。寫詩，這就是我的養生之道，首要之道。

放翁先生，我知道你喜歡書法，也喜歡掃地，這是怎麼回事？

書寫是我的心靈勞動，「有暇即掃地」則是我堅持的體力勞動。我有詩：「一帚常在旁，有暇即掃地。即省課童奴，亦以平血氣。按摩與引導，雖善亦多事。不如掃地法，延年直差易。」掃地是一項即使年長力衰，還是多少力所能及的活動，它可疏通血氣，活絡筋骨，既做了家務又鍛鍊了身體。

我認為，做一點力所能及的勞動是有益的，猶如「戶樞不蠹，流水不腐」。更何況可以少雇用一位掃地童工，省錢，還是重要的。

至於你說的書法，這也是怡情與養生兼具的課業。書法不僅是小肌肉運動，它還是凝神、諦聽的修行，屏息在一些精神上的專注，對延年益壽的作用是顯著的，我以為它有防治失智的可能。另一方面，喜歡練書法，因為它能「驅盡心中愁」，白話講「書法是心靈的洗滌劑」，雖然我遠離江湖，但是國事如麻、國仇未報，每當念頭一起依舊攪亂清修。

除此之外，品茶弈棋也能陶冶情操，我在〈秋懷〉中這樣吟道：「活火常煮茗，殘枰靜弈棋。」生活裡，我也愛喝茶、下棋。把它們歸納在養生裡，絕對可以！

嗜茶，夙願竟是續寫《茶經》——

請喝茶，這杯杉林溪烏龍茶來自我的故鄉南投竹山，茶湯金黃、光澤亮麗、透明度佳；香

氣輕揚優雅，冷熱喝茶韻不變。請你試試這個甘醇濃厚的味道　還可以嗎？放翁先生，我知道你也喜歡喝茶，可以談談你的茶道？

哈哈，我不知道前後寫了多少涉及茶事的詩篇？很多，我猜超過三百篇吧。

我嗜茶，與茶聖陸羽同姓，多次在詩中直抒胸臆，崇拜這位同姓，心儀神往。我在〈八十三吟〉中寫道：「桑苧家風君勿笑，它年猶得作茶神。」在〈戲書燕几〉中寫道：「水品茶經常在手，前身疑是竟陵翁。」詩中的「桑苧」、「茶神」、「竟陵翁」都是指陸羽，你知道的。我真的痴呆地希望我上輩子，曾經是陸羽。

仕途蹭蹬的三十多年，年輕時在福州、江西鎮江擔任過茶鹽公事，前後長達十年之久。我經常深入考察或參與茶場採茶、製茶、品茶、鬥茶、選貢茶等茶事活動。甚至，一度萌生續寫《茶經》的念頭，「重補茶經又一編」，補足陸羽之後新的茶知識呢。哈哈，自我感覺良好。

因為愛茶，又有機會遍嘗各地名茶，所以寫了一些茶詩，除了品香味甘之餘，還將茶事付諸筆端，心得陸續記錄：

「飯囊酒瓮紛紛是，誰賞蒙山紫筍香」，說的是四川蒙山的紫筍茶。

「遙想解酲須底物，隆興第一壑源春」，說的是福建隆興的壑源春。

「焚香細讀《斜川集》，候火親烹顧渚春」，說的是浙江長興的顧渚茶。

「嫩白半甌嘗日鑄，硬黃一卷學蘭亭」，說的是我的故鄉紹興貢茶日鑄茶。

「春殘猶看小城花，雪裡來嘗北苑茶」，說的是貢茶北苑茶。

「建溪官茶天下絕，香味欲全須小雪。雪飛一片茶不憂，何況蔽空如舞鷗」，說的是福建貢茶建溪茶。

其他還有湖北的茱萸茶、四川的菊花欖茗、浙江的橄欖茶等等……今天，則多了杉林溪烏龍茶，幸會幸會！你這茶水色金黃，入口有飽滿之感，落喉甘順，前韻清幽，後韻醇厚。又長見識了，幸會，我也來一句美言：「竹山高曠茶韻遠，老綠知春聞冷花。」

我有終老養生哲學：「眼明身健何妨老，飯白茶甘不覺貧」。

謝謝放翁先生你的茶詩相贈！你的夙願是續寫《茶經》，可惜最後沒能心想事成。

哈哈，何妨！「難從陸羽毀茶論，寧和陶潛止酒詩」。還好我有自知之明，無法超越陸羽，但自狂能讓陶淵明戒酒，改喝茶，讓他喝喝我動手烹煮的茶味，這已經是天下一樂！

我飲茶喜歡親自烹煎。「歸來何事添幽致，小灶燈前自煮茶」、「雪液清甘漲井泉，自攜茶灶就烹煎」，這就是我晚年守得的最後一盞燈，能怡然悠久的祕密。來來來，喝茶！謝謝你的茶……。

我知道你也養貓，最後可以說說你的貓奴人生？

一件事，當你持續下去，會感到幸福的事情，那就是好事！

讀書、寫詩、書法與喝茶，都是讓我晚年感到幸福的好事。我想，這就是我八十六歲生命體驗中的小小想法吧！

我有一屋子的藏書，到處亂堆，「吾室之內，或棲於櫝，或陳於前，或枕藉於床，俯仰四顧無非書者」。但是這些常被老鼠啃得一片狼藉的書，真是令人痛心，於是鄰人送我一隻叫「雪兒」的貓，除了抓鼠，它成了我的貼心小棉襖，「氍毹夜夜溫」。「伴我老山村」，雪兒就此陪我在山村終老。

能體會幸福的能力，就是我在意的餘命管理，養貓是其中項目之一。哈哈。

【我的後記：晚年的緩慢，未嘗不是另一種速度】

陸游是一位愛國詩人，他也是一位身上有很多世界的人，在知識海洋裡，他富有魅力。他很長壽，因為他遊走過許多歲月滄桑，因此在知識海洋裡，陸游有很多大陸與島嶼，那是真正的「生活者」才有的種種面向。

陸游年輕時的信仰，有愛情、愛國、愛家與愛民，隨著歲月流逝，一切堅固的東西，漸漸煙消雲散。從生活的親密感到知識的親密感，從對社會的關懷、國家的眷戀到舊情的綿延，充滿遺憾，我總以為他的一生就是「孤獨的狂歡」。但是，他到了一個年紀，真正的力量卻產生了，信仰會在某一個時刻回來。

晚年的陸游光而不耀，在沉靜中有一股低穩的激情，對生命、對知識、對詩文、對自由。緩慢，未嘗不是另一種速度。對於「愛情的早逝」，他堅持守著最後一盞燈。我以為這一盞孤燈，從清代文學家沈復《浮生六記》的哀痛可以明白一二。

也來說說《浮生六記》的〈卷三・坎坷記愁〉中一篇結尾段落裡的句子。結尾整段是「嘉慶癸亥三月三十日，當是時，孤燈一盞，舉目無親，兩手空拳，寸心欲碎。綿綿此恨，曷其有極！」

這篇文章，主要講述了沈復急急忙忙從外地趕回家裡看望病重的夫人。與妻訣別之際，沈復說的少，夫人說的多。從字裡行間能夠感覺到夫人在病危時，對死亡的冷靜，對已逃傭人的關心，對兒女的牽掛，對丈夫沈復的愛，對父母的孝心。沈復明白夫人此刻是風中殘燭，隨時燭滅人亡，他難過，話少情深。

最後，沈復握著夫人的手，親眼目睹其溘然逝去，魂魄遠颺。他在此時此刻陷入了無限的孤單悲痛。在靜悄悄的深夜裡，昏黃的油燈下，眼前最親的人忽然離開了自己，整個房間只剩下一盞微弱的孤燈陪伴著自己，兩手空拳卻無力回天，感覺到心愈碎愈痛苦。

關於情傷與背叛，陸游終其一生，守著孤燈一盞。佛洛依德（Sigmund Freud）認為悲傷是一種自然的過程，他曾經在〈哀悼與憂鬱〉（*Trauer Und Melancholie*）一文中寫道：「悲傷不該被干擾。」我以為陸游應該會同意這句話，失落的痛苦如此難以承受，難以逃避，他選擇與孤獨同眠，以「適應」悲傷的角度和距離，一起度過漫長歲月，感受自己在悲傷調適歷程中的每一個當下。

無照心理師的沙發

餘命管理的學習與自覺

看世界的方法 211

作者　王浩一
插畫　傅馨逸

封面設計　兒　日
責任編輯　林煜幃

董事長　林明燕
副董事長　林良珀
藝術總監　黃寶萍
執行顧問　謝恩仁

社長　許悔之
總編輯　林煜幃
副總編輯　施彥如
美術主編　吳佳璘
主編　魏于婷
行政助理　陳芃妤

策略顧問　黃惠美・郭旭原・郭思敏・郭孟君
顧問　施昇輝・張佳雯・謝恩仁・林志隆
法律顧問　國際通商法律事務所／邵瓊慧律師

出版　有鹿文化事業有限公司
地址　台北市大安區信義路三段 106 號 10 樓之 4
電話　02-2700-8388
傳真　02-2700-8178
網址　http://www.uniqueroute.com
電子信箱　service@uniqueroute.com

製版印刷　鴻霖印刷傳媒股份有限公司

總經銷　紅螞蟻圖書有限公司
地址　台北市內湖區舊宗路二段 121 巷 19 號
電話　02-2795-3656
傳真　02-2795-4100
網址　http://www.e-redant.com

ISBN：978-626-95726-8-7
初版一刷：2022 年 5 月
定價：400 元

國家圖書館出版品預行編目 (CIP) 資料
無照心理師的沙發 : 餘命管理的學習與自覺
王浩一著 . -- 初版 . --
臺北市 : 有鹿文化 , 2022.05
面；　公分 . -- (看世界的方法 ; 211)
ISBN 978-626-95726-8-7(平裝)
1.CST: 退休 2.CST: 生涯規劃 3.CST: 生活指導
554.83　　111005992